COFIO CANRIF

Griffith R. Williams

Golygwyd gan
MEINIR EVANS

Gwasg
Gwynedd

Argraffiad Cyntaf—Mehefin 1990

© *Griffith R. Williams 1990*

ISBN 0 86074 045 5

Cedwir pob hawl. Ni chaniateir atgynhyrchu unrhyw ran o'r cyhoeddiad hwn na'i gadw mewn cyfundrefn adferadwy na'i drosglwyddo mewn unrhyw ddull na thrwy unrhyw gyfrwng electronig, electrostatig, tâp magnetig, mecanyddol, ffotogopïo, recordio nac fel arall, heb ganiatâd ymlaen llaw gan y cyhoeddwyr, Gwasg Gwynedd, Caernarfon.

*Cyhoeddwyd ac argraffwyd
gan Wasg Gwynedd, Caernarfon*

Cynnwys

Cyrraedd y Cant	7
Dyddiau Ieuenctid	10
Newidiadau a Chynyrfiadau	23
Teulu o Chwarelwyr	33
Dechrau Gweithio	41
'Dowch i'r Armi . . .'	47
Ffosydd Ffrainc	60
Chwareli Carreg y Llam a'r Nant	71
Dal i Fynd!	79

Cyrraedd y Cant

Y pumed o Fehefin 1988 oedd hi pan gefais i syrpreis go iawn, a finnau'n cael fy mhen-blwydd yn 100 oed. Roedd merched yr eglwys wedi paratoi parti i mi, a wyddwn i ddim byd am y peth nes imi gerdded i mewn i'r festri a gweld pob math o ddanteithion wedi'u hulio hyd y byrddau, a chacen fawr. Roedd tua trichant o bobol yn disgwyl amdana i. Mi gawson ni bob math o rialtwch, a thynnu fy llun i ac ati. Mi oedd cynrychiolwyr yno o'r cynghorau lleol a sirol, a'r Parch William Davies, Chwilog, yn llywydd, ac amryw o rai eraill yn rhoi anerchiad. Wedyn mi gefais i hwyl fawr yn torri'r gacen. Fe ddaeth Band Trefor yno o rywle ac mi fu'n rhaid i mi fynd o flaen y rheini i'w harwain nhw. Doedd gen i ddim syniad sut i arwain — dim ond gwneud orau y gallwn i a dweud wrth yr arweinydd eu bod nhw angen tipyn o drêining!

Mi wnaethpwyd achlysur mawr ofnadwy i mi y diwrnod hwnnw, un na wna i byth ei anghofio.

Ganrif union yn ôl i'r dyddiad hwnnw y dois i i'r byd yma am y tro cynta, ac mi ddigwyddodd peth doniol iawn adeg fy ngeni i, er nad ydw i'n cofio dim am y peth wrth reswm.

Y pumed o Fehefin 1888 oedd hi, a steddfod fawr i fod yn Llithfaen yma — Eisteddfod yr Eifl fydden nhw'n ei galw hi — ac yn cael ei hagor am y tro cynta ar y pumed o Fehefin mewn pabell fawr yn y pentra. Roedd eisiau cadeirydd i'r steddfod ac mi oedd yna hen fachgen yn byw yn Llanaelhaearn, doctor lleol Llithfaen a Trefor a Llanaelhaearn, ac mi gafodd ei ddewis yn gadeirydd i agor y steddfod am tua dau o'r gloch. Roedd o wedi bod yn gweithio yn y bore ac wedi derbyn dau blentyn i'r byd. A phan oedd o ar gychwyn cael rhoi ei araith, dyma air yn dod iddo fo o Dreddafydd. Yn fanno'r oedd Mam a Nhad yn byw ar y pryd, cartra Nhaid a Nain, i fyny ryw ddau can llath o'r pentra yma. Roedd eisiau iddo fo fynd i Dreddafydd ar unwaith, cyn gynted ag y medrai o. Wel, mi wylltiodd yr hen ddoctor bach a dechrau damio a rhegi a chwythu'i limpyn allan yn hollol. 'Pam ddiawl, Doli,' medda fo, 'na fasat ti wedi dod â fo bore 'ma neu aros tan nos? Rwyt ti wedi drysu fy sgwrs i i gyd, a finna wedi bod wrthi am wsnosa yn gwneud y *speech* 'na, a dyna hi rŵan wedi mynd — cha i mo'i rhoi hi bellach.'

'Wel, chewch chi mo'i rhoi hi heno, deudwch?' meddai Nain.

'Na, mae 'na ryw ddiawl arall yn gadeirydd heno,' meddai yntau wedi gwylltio'n ofnadwy. Beth bynnag, pan ddois innau i'r byd, dyna fo'n dweud: 'Wel, melltith ar dy ben di'r diawl bach, melltith ar dy ben di!' ryw ddwywaith neu dair fel yna — a mynd wedyn. Mi glywais i nhw'n dweud lawer gwaith eu bod nhw wedi bod yn cadw llygad arna i fel roeddwn i'n tyfu i fyny am flynyddoedd, rhag ofn bod yr hen ddoctor wedi fy melltithio i. A chefais i erioed wybod pa 'run, chwaith, ond mi ydw i wedi meddwl lawer gwaith fod yna rywbeth yn rong arna i, nad ydw i ddim yr un fath â phawb arall . . .

Dyddiau Ieuenctid

Pan oeddwn i'n hogyn ysgol mi fyddai Mam yn fy nanfon i at y Garreg Sglefr, fel y bydden ni'n ei galw hi, a weithiau, yn lle mynd i ysgol Llithfaen fel yr oeddwn i i fod, mi fyddwn yn dengid am Nant Gwrtheyrn. Cyn gynted ag y byddwn i wedi cael cefn Mam mi fyddwn i'n dringo trwy'r creigiau a thros Ben y Dibyn i'r ochor arall. Mi fyddwn i lawr yn y Nant erbyn deg o'r gloch, pan fyddai'r ysgol yno yn dechrau. Yn fan'no yr oeddwn i'n hoffi bod, yn chwarae yn yr ysgol efo'r Gwyddelod a hogia'r Nant — Jackie a Bill Coulters, Lisi Handley, Peter Handley Bach, Dafydd Tomos a rhyw griwiau felly. Gwyddelod oedd fy mhartneriaid gorau i.

Nant Gwrtheyrn — dyna'r pentref bach mwyaf hapus a hoffus y gallech chi feddwl amdano, efo tua chwech ar hugain o dai i'r gweithwyr, a'r Plas lle'r oedd Arglwydd y Nant — Mr Jones y Rheolwr — yn byw. Roedd Edward Evans, clerc y chwarel, yn byw mewn tŷ arall.

O'r flwyddyn 1900 ymlaen roedd tua 200 o bobl yn byw yma. Mr Bannam oedd yn rhif 2, Dafydd Roland yn rhif 3 a Nhaid yn rhifau 4 a 5. John Bracegirdle oedd yn rhif 6, a Jane a Wil Jones Bach yn rhif 7. Y Jane yma oedd fy modryb, chwaer Nhad a ddaeth o'r Ro. Yn rhif 8 roedd Edward a

Mary Dafis, merch Dafydd Roland, ac yntau'n daid i Richard Elias, Jane Mary a Dafydd John. Yn rhif 9 roedd Betsan Owen, mam Richard Owen, John Owen a William Owen (Pistyll), oedd yn daid i'r Parchedig Gwilym O. Roberts, Pistyll. Roedd yna fab arall hefyd, Henry Owen, ac mi gâi hwn waith yn y chwarel i gynorthwyo'r *breakman*. Mi oedd arnon ni ei ofn o, ac os byddem ni'n gofyn sut y byddai o, ei ateb fyddai: 'Pa wahaniaeth i ti sut bydda i?'

I fynd yn ôl am funud at John Bracegirdle a'i deulu: roedd ganddo fo a'i wraig Martha dair merch, Martha, Maggie a Katie, ac un mab, Thomas John. Mi fyddai'r mab mewn trwbwl o hyd. Un tro, fe ddaeth o adra o ysgol Llithfaen a'i fam heb fod yn y tŷ ar y pryd. Roedd hi yn y tŷ bach yn nhop yr ardd. Fe aeth Thomas John yno a rhoi bar ar y drws o'r tu allan. Yno y bu hithau nes y daeth ei gŵr adra. Mi wylltiodd yntau'n ofnadwy gan addo torri esgyrn Thomas John, a'i fam yn gweiddi dros y Nant. Roedd y mab erbyn hyn wedi dengid i'r allt goed a ddaeth o ddim yn ei ôl nes oedd ei dad wedi mynd i'w wely.

Y Gweinidog fyddai'n dysgu yn yr ysgol, a hynny yn yr hen gapel pren a safai yn is i lawr na'r capel presennol. Rhyw fore mi chwythodd gwynt y dwyrain yr adeilad pren yn gyfan fel ag yr oedd o yn erbyn Tŷ Hen nes malodd o yn dipiau mân: y llyfrau a'r dodrefn hyd bob man. Wedyn mi gynhaliwyd yr ysgol yn y tai. Mi symudodd y Gweinidog i Uwchmynydd. Dyn gwael iawn oedd o, a fedrai o ddim cerdded i fyny'r gamffordd. Fe fu'n rhaid i'r Gwyddelod ei gario fo i fyny ar gadair.

Roedd y Rheolwr yn cadw chwech neu saith o wartheg godro a rhywfaint o foch. Mi oedd yna orfodaeth ar y pentrefwyr i brynu menyn a llefrith yn y Plas, ac os digwyddai unrhyw un fynd i rywle arall fel Tŷ Canol neu Tŷ Uchaf i'w 'mofyn nhw, chaen nhw fawr o groeso hyd yn oed yn y chwarel. Dafydd Roland oedd yn edrych ar ôl yr anifeiliaid, ar draul y chwarel wrth gwrs.

Edward Jones oedd enw'r Rheolwr. Portar ar orsaf Conwy oedd o cyn dod yma, a Saesnes oedd ei wraig o. Roedd o'n byw yn y Plas, ond bychan oedd ei gyflog o. Tlodaidd iawn oedd hi arnyn nhw, a chofio bod ganddyn nhw saith o blant i'w cadw. Eto i gyd, roedd o i'w weld yn gwella'i stad yn gyflym iawn. Pum punt yr wythnos oedd o'n eu hennill. Er hyn, mi ofynnodd i Nhaid brynu ugain dafad iddo fo, a thair neu bedair buwch, wedyn mochyn neu ddau. Wedyn, mi gyflogodd forwyn i drin y llaeth a'r menyn. Mary o Nefyn oedd hon, neu'r 'Hen Galennig' fel roedd hi'n cael ei galw am ryw reswm. Wedyn, mi gafodd o forwyn arall i edrych ar ôl y plant ac i startsio ac ati. Mi gyflogwyd trydedd morwyn i'r tŷ, sef Kate a briododd f'cwyrth Watkin. Mi fydden ni'r plant yn mynd yno i chwarae at blant y Plas ond roedd rhaid gofalu 'madael cyn i Edward Jones ddod adra.

Mi glywais fy rhieni yn adrodd fel y dywedodd y cwmni wrth Mr Jones y byddai'n well iddo fo ymddeol a 'madael â'r Nant. Dyna wnaeth o, a mynd i fyw i Lerpwl. Roedd f'ewyrth Watkin yn glerc iddo, ond wyddai o dim beth oedd yn digwydd. Châi Watkin ddim mynd ar gyfyl ei swyddfa fo ar ei ben ei hun ac mi fyddai'r drws dan glo o hyd. Ond pan ddaeth y Rheolwr newydd, mi ddaeth i ddeall petha.

Roedd dau ddyn wedi cael eu lladd yn y chwarel, sef John Evans ac Elias Evans o Forfa Nefyn, y ddau'n gweithio ar yr inclên. Roedd yna dri neu bedwar arall wedi ymddeol a dau wedi marw, yn gwneud saith neu wyth i gyd. Ond roedd y rhain yn dal i fod ar lyfrau'r gwaith a Jones yn dal i gymryd eu cyflogau nhw. Roedd hyn wedi digwydd am ddeg i ddeuddeng mlynedd, ac felly yn chwyddo cryn dipyn ar ei gyflog o bob wythnos!

Rydw i'n cofio unwaith i Jackie a finnau chwarae tric ar yr hen Reolwr. Mi fyddai o'n mynd am y swyddfa tua hanner awr wedi naw yn y bore, cyn i'r ysgol ddechrau, a be wnaethon ni ond rhwymo giât y Plas efo weiren fel na fedrai o mo'i hagor hi. Yn ei ôl â fo wedyn dros y gamfa i'r cae. Roedd o'n cadw gwartheg a moch ac mi oedd yna hen afon fudur yn rhedeg o'r beudai a'r cwt moch. Beth wnaeth Jones ond trio croesi'r afon. Hen goesau byrion bach oedd ganddo fo, felly roedd ei gam o'n rhy fyr ac mi aeth ei droed o i'r sgytra, dros ei esgid a'i drowsus. Wrth iddo drio dod odd'no dyma'i droed arall o'n mynd i mewn, a ninnau'n gwatsiad am y clawdd. Yn ei ôl â fo wedyn i'r Plas i newid ei drowsus a'i sgidia a'i sana. Roedden ninnau wedi agor y giât erbyn hyn ac mi ddaeth drwyddi a dod heibio'r beudai a rhoi ei ben i mewn i edrych sut oedd y gwartheg. Sbio ar y cwt mochyn wedyn, ac mi syrthiodd ei dop hat o i ffalt y moch a ninnau'n gwatsiad.

'Jackie, Jackie,' medda fo. 'Rhed i weiddi ar Robat Wilias.' Dyn oedd yn gweithio ar y bonc oedd Robat Williams. A dyna lle'r oedd Jones efo'i ffon yn trio cadw'r moch yn glir o'r het, ond roedd honno wedi mynd bob siâp ac yn fawog gan fudreddi'r moch. Mi ddaeth Robat Williams yno wedyn a mynd i'r cwt moch i'w nôl hi. 'Mi a i â hi i Ann Wilias i'r tŷ i'w llnau, Mr Jôs,' meddai fo.

'Na, hidiwch befo, mi a i i nôl un arall i'r tŷ,' meddai yntau.

Mi gawson ni lawer o sbort yn chwarae triciau ar yr hen Reolwr, ond wnes i erioed feddwl bryd hynny y buaswn i'n dod ato fo i chwilio am waith ymhen 'chydig flynyddoedd.

Mi fyddwn i'n aros i chwarae yn y Nant nes byddai hi'n nos, er bod Nhad a Mam yn ei gaddo hi yn y modd mwyaf ofnadwy i mi am aros allan nes iddi hi dywyllu. Rydw i'n cofio un noson — ninnau'n chwarae o flaen y tai, a dau o'r gweithwyr yn sefyll ar ben y drws yn cael smôc ac yn sgwrsio efo'i gilydd. 'Ydi hi am derfysg heno 'ma d'wad?' meddai un.

'Mae hi'n edrych yn debyg iawn,' meddai'r llall. Mi ddychrynais i am fy mywyd ar hynny, ac adra â mi am fy mywyd y munud hwnnw o flaen y taranau. A phan oeddwn i yn ymyl tyddyn bach o'r enw Tŷ Canol, yn mynd â 'mhen i lawr, roedd yna hen wraig fach siriol iawn yn sefyll wrth ymyl y cwt mochyn, a ffedog wen amdani a'i dwylo hi o dan ei ffedog. 'Hogyn pwy wyt ti?' meddai hi.

'Hogyn Mam,' meddwn i.

'Tyrd i'r tŷ efo mi. Rydw i'n meddwl dy fod gen ti eisiau bwyd,' meddai hi.

I mewn i'r tŷ â fi. Hen dŷ bach tywyll oedd o, ac yn y pen draw roedd yna fwrdd bach crwn a bara ceirch arno fo wedi iddi hi fod yn eu crasu nhw. Dyna hi'n estyn dwy a rhoi menyn arnyn nhw efo'i bawd a'u lapio nhw yn ei gilydd. 'Ffwr' ti rŵan cyn iddi hi ddwad yn nos,' meddai hi.

'Ydi hi am daranu?' meddwn i. 'Nac ydi'n tad,' meddai hi. 'Dos rŵan.' Ac i ffwrdd â fi am adra dan fwyta'r bara ceirch. A hwnnw oedd y tamaid gorau gefais i erioed. Wel, mi oedd o'n dda! Ac yn rhyfedd iawn, mi briodais i wyres i'r hen wraig honno yn ddiweddarach, sef Ann.

Mi ddechreuais i garu efo Ann pan oeddwn i'n ddeuddeg oed. Pan fyddwn i'n cwffio yn yr ysgol, Ann fyddai'n fy arbed i a finnau'n ei gwarchod hithau pan âi yn ddrwg arni hi. Mi fydden ninnau'n ffraeo hefyd, a hithau'n bygwth peidio â maddau byth imi. Byth, ac nid *am* byth. Rhywbeth dros dro ydi byth, ond rhywbeth dros dragwyddoldeb ydi am byth.

Gweini ym Mhlas Tan yr Allt, Pwllheli yr oedd Ann pan oedden ni'n caru. Mi fyddwn i'n mynd yno'n aml, ond yn gorfod ei chyfarfod hi wrth ymyl y ddôr fawr. Mi oedd merch y Plas, Nesta, yr un oed ag Ann, a'r ddwy'n gyfeillion mawr. Mi es yno yn y tywyllwch un noson, a dyma'r ddôr yn agor a rhywun yn dod drwyddi a gafael amdana i yn gariadus. Pwy oedd yno ond Nesta, a finna'n meddwl yn siŵr mai Ann oedd hi. Doedd Ann ddim yn hapus o gwbwl ym Mhlas Tan yr Allt, a'r diwedd fu i'w mam fynd yno i'w nôl a mynd â hi adra.

Sian Griffiths oedd enw'r hen wreigan, nain Ann, oedd yn byw yn Nhŷ Canol. Mi fuodd hi farw 'chydig o flaen ei gŵr, ac mi fu John y mab yn gofalu am ei dad a'r anifeiliaid, gan weithio hefyd yn y chwarel fel y gallai o. Ar ôl marw'i dad, mi briododd John efo Jane Jones, Cae'r Foty, Trefor, ac fe anwyd iddyn nhwythau ddwy ferch, Hannah a Rebecca — y ddwy yn dal i fyw yn Llithfaen.

Ffarm ar ochor mynydd Caer Nant ydi'r Tŷ Uchaf, efo tir da ar gyfer defaid. Ar dir Tŷ Uchaf roedd olion hen gastell lle bu'r Brenin Gwrtheyrn yn byw. Roedd yma hefyd hen furddun lle'r oedd Ellis Bach y Nant yn byw. Hen ddyn bychan oedd hwn, medden nhw, a'i ben ôl o bron ar y llawr gan fod ei goesau mor fyrion.

Roedd yn y Nant bopty mawr i grasu bara, a siop yn cael ei chadw gan Robert Roberts a'i wraig Elin. Fe ddôi'r llongau â blawd, glo a nwyddau eraill efo nhw wrth nôl llwyth o gerrig. Mi fûm i sawl gwaith yn dadlwytho glo (drwy'r nos yn aml) a nwyddau i'r stôrs, a hynny pan oeddwn i'n ifanc iawn.

Mi fyddai yma bregeth yn y capel ar y Sul; Saesneg bob yn ail â'r bregeth Gymraeg. Mi fyddai'r Gwyddelod, yr Albanwyr a'r Saeson yn selog iawn yn y moddion Saesneg. Os na fyddai pregethwr ar y Sul mi fyddai Mr Jones, y Plas, yn rhoi rhyw fath o wasanaeth. Fo hefyd fyddai'n cyhoeddi trefn y moddion, ac yn dweud ar y diwedd:

'Seiat nos Iau os na fydd y *Gwynfaen* yma.'

Llong yn perthyn i gwmni'r chwarel oedd y *Gwynfaen*, a Chapten Owen o'r Felinheli oedd ei phennaeth hi. Mi fyddai'r llong yma yn rhedeg i Lerpwl, Belfast neu Manchester efo sets. Mi ddôi Capten Owen â hi i mewn dros y bariau yn ddidrafferth hyd yn oed yn y nos. Doedd o'n hidio dim am y tywyllwch.

Pan ymddeolodd Capten Owen, dyma fo'n rhoi ei long i'w fab. Un noson ar ôl llwytho'r *Gwynfaen*, mi fagiodd yn syth allan i'r môr yn y tywyllwch. Roeddwn i'n ei gwylio hi'n mynd. Mi fagiodd dwy long arall yr un pryd, yr *Arclensis* o Gaer Nant a'r *Solway Prince* o'r Gwylwyr. Roedd y tair yn bagio allan efo'i gilydd ac erbyn i mi gyrraedd pen y gamffordd roedden nhw i gyd wedi diflannu i niwl a glaw mân oedd wedi dod i lawr dros y môr. Roedd Capten Owen Bach yn bryderus iawn ac mi benderfynodd ei gwneud hi am Bortinllaen. Fe aeth y ddwy arall ymlaen yn ddiogel i Lerpwl. Ond yn lle codi Bae Portinllaen mi aeth y *Gwynfaen* ar greigiau Trwyn Portinllaen. Mi drodd ar ei hochor, ond wrth lwc fe ddaeth pawb yn iach oddi arni, yn cynnwys Gwyddel byddar oedd ar ei bwrdd fel *stowaway*. Doedd dim dichon ei ddeffro fo.

Mi ddaeth y criw i'r lan erbyn dau neu dri o'r

gloch y bore, ac mi gafodd tri ohonyn nhw aros nos ym Morawelon, tŷ â'i gefn reit ar y dŵr. Mi aeth tri arall i aros yn Nhŷ Coch efo Mrs Jones a oedd yn cael ei galw yn '*Harbourmaster* Portinllaen'.

Tua phump oed oeddwn i pan es i i'r ysgol yn Llithfaen. Yr hen ysgol oedd hi, ac ar ôl i mi 'madael â hi yn dair ar ddeg oed fe adeiladwyd yr ysgol newydd yn yr un safle. Grace Elin oedd f'athrawes gynta a Hugh Griffiths oedd y prifathro. Un o Nefyn oedd o a dyna pam yr oedden ni'n ei alw fo yn 'Hen Bennog Nefyn'. Un arall fu'n athrawes yno oedd Mary Williams o'r Ffôr. Dynes neis iawn oedd hi.

Saesneg oedd popeth yn yr ysgol y pryd hwnnw, ac mi fydden ninnau'n chwarae triwant o hyd. Byddai Thomas John Cefnydd a finnau'n diflannu am bnawniau i fynd y tu ôl i Capel Uchaf; y fo i ddysgu cnoi a finnau i ddysgu smocio. Mi gaem andros o gweir gan Griffiths y bore wedyn. Dyn hegar iawn oedd o efo'i bastwn ar draws dwylo neu goesau'r plant.

Rydw i'n cofio Huw Tomos, un o Bistyll yn wreiddiol, yn mynd â bocs pupur i'r ysgol a'i luchio i wyneb yr athrawes. Aeth hithau'n ddall bost ac fe fu'n rhaid i ddau ei danfon adra. Felly y bu hi, heb weld dim am ddyddiau. Wel, mi wrymiodd yr hen Griffiths yr hogyn am yr hyn wnaeth o.

Roedd chwarae coetio a sbondio (gêm debyg i *tiddlywinks*) yn boblogaidd iawn efo ni'r plant. Y gamp wrth chwarae coetio oedd taflu rings haearn at begiau yn y ddaear — tair ring bob un i weld allech chi fynd am y peg. Mi fyddai yna ddau yn cystadlu, er mwyn gweld pwy fyddai'r nesa at y peg, ac os caech chi beg roeddech chi wedi cael 'ringar'.

Mi fyddai 'mrawd a minnau'n chwarae marblis ar y llawr pridd yn y tŷ, trwy wneud twll yn y llawr i'r marblis fynd iddo fo. Doedd yna fawr o chwarae ar gemau fel ffwtbol ac ati, ond mi fydden ni'n chwarae cicio pêl glwt ar y lle gwastad wrth ymyl Capel Uchaf. Mi fyddai'n rhaid gwnïo clytiau i wneud y bêl, ac ar ôl un gêm byddai wedi darfod. Doedd yna ddim traffig i darfu arnon ni, dim ond ychydig o droliau. Mi fyddai llawer o'r rhain yn cario cerrig o'r caea i fynd â nhw i'w malu'n fanach cyn dod â nhw i'w taenu yn y rhigolau ar y ffyrdd.

Rydw i'n cofio mabolgampau yn cael eu cynnal mewn cae yn agos i 'nghartra i. Roedd o'n ddiwrnod da iawn, efo chwaraeon fel dringo'r polyn saim. Polyn oedd hwn, ryw ugain troedfedd o uchder, wedi'i osod yn y ddaear ac wedi'i seimio. Y gêm oedd gweld pwy fedrai fynd i fyny'r polyn a hwnnw'n llithrig ofnadwy. 'Chydig iawn fyddai'n llwyddo.

Gêm arall fyddai'n boblogaidd iawn mewn mabolgampau a ffeiriau oedd taro'r gloch. Mi fyddai yna bolyn yn y ddaear, a rêls ar ei hyd o, a chithau yn y gwaelod yn rhoi slap i'w ymyl o i drio cael morthwyl i fynd i fyny i daro'r gloch. Roedd hi'n anodd iawn cael y morthwyl yn uwch na thua hanner ffordd, er ichi slapio a slapio. Mi fyddai hogia'r ffarmwrs yno yn colbio ac yn chwysu ac yn gwneud siâp mawr arnyn nhw'u hunain. Rydw i'n cofio un o Nefyn yno ryw dro, hogyn a dim byd yn gry ynddo fo, ond mi wyddai o'n union sut i wneud, ac mi roddodd slap i'r peth nes oedd y gloch yn canu. 'Thrawais i erioed mohoni fy hun.

Mi fyddai yna lawer o hen gymeriadau difyr a ffraeth yn byw yn Llithfaen yma pan oeddwn i'n hogyn. Roedd un hen fachgen — John Hughes oedd ei enw fo — yn byw yn un o'r elusendai, fel y bydden ni'n eu galw nhw. Mi oedd o'n un dipyn bach yn rhyfedd ei ffordd, ond roedd o'n ddyn da iawn ei waith hefyd — creigiwr oedd o yn Chwarel Trefor. Roedd o'n brolio un tro wrth yr hogia bod ganddo fo ŵydd i'r wraig a'r plant at y 'Dolig. A be ddaru'r hogia, ar ôl iddi dawelu gyda'r nos, ond dringo i ben y tŷ ac eistedd ar ei fargod o, a topio'r simnai efo rhywbeth. Bario'r drws wedyn yn y ffrynt, a doedd y ffenestri ddim yn agor yr adeg honno wrth gwrs. Y bore wedyn dyma John Hughes yn codi'n reit fore i wneud yr ŵydd yn barod. Ond thynnai'r tân ddim ar ôl cael ei gynnau — roedd y mwg yn dod i lawr i gyd. A dyna lle'r oedd John yn fan'no yn damio ynghanol y mwg. Trio agor y drws wedyn, a duwcs roedd hwnnw wedi'i gau wedyn ac yn 'cau agor. Ond yn y diwedd mi fedrodd agor y drws a mynd allan, ar ôl lot o regi a rhwygo.

Roedd yr hen Leusa Huws yn un arw am hel clecs. Mi fyddai Nain yn byw yn Nhreddafydd, a

Leusa Huws yn byw yn Nhai Uchaf yn uwch i fyny na hi. Mi ddôi yr hen Leusa Huws i'r pentra bob bore i chwilio am y niws. Ac un tro roedd yna lo wedi marw yn un o'r ffermydd. 'Be 'di'r niws, Leusa?' meddai Nain wrthi hi pan oedd hi ar ei ffordd yn ôl.

'O, mae llo Ifan Blaena wedi marw heddiw,' meddai hithau.

'Be' oedd y matar arno fo?' meddai Nain.

'Wel, 'dwn i ddim, 'sti,' meddai Leusa, 'Mi a' i i lawr eto munud i gael y manylion.'

Pan oeddwn i yn hogyn mi fyddai yna hen wylnosau yn cael eu cynnal yn yr ardal yma. Mi ddarfu'r arfer pan oeddwn i tua phymtheg oed. Rydw i'n cofio un achlysur yn arbennig. Roedd yna hogyn o Lithfaen, Wil Bach Caerfynydd, wedi marw. Roedd ei deulu o'n byw mewn bwthyn bach i fyny yn y topiau ac yn dlawd iawn. Hogyn bach gwael oedd o, ond yn fywiog ofnadwy. Roedd o'n naw oed ac yn yr un dosbarth â fi yn yr ysgol. Y noson cyn y cynhebrwng roedd yna wylnos yn cael ei chynnal yn y tŷ. Roedd yr arch yn agored yn y siambar fach a rhyw dri neu bedwar yn gweddïo, a finnau wedi mynd yno efo Mam a Nain. Mi fyddai'n rhaid i ferched fedru crio yno, crio o ddifri, ac am a wn i nad oedd Mam a Nain yn medru gwneud hynny. Mi fyddai rhai merched a âi yno yn methu crio, ac mi oedd y rheini'n gorfod stwffio rhywbeth i'w hancesi i dynnu deigryn neu ddau. Doedden nhw ddim yn gweddïo dros y teulu yn y gwasanaeth, dim ond gweddïo dros y marw. Dim sôn am William Jones a Laura Jones, y tad a'r fam. Roedd o'n beth Pabyddol iawn, mewn ffordd.

Ar ôl gorffen y gwasanaeth mi fyddai pawb yn mynd a sbio i lawr i'r arch. A dyna'r hen Ifan Jones, y codwr canu, yn gafael ynof innau. 'Tyrd yma,' medda fo, 'i ti gael gweld Wil Bach am y tro dwytha.' A rhoi fy mhen i yn yr arch. Wel, mi oeddwn i wedi dychryn am fy mywyd. Roedd Wil Bach yno a'i lygaid o'n agored, fel tasai o'n fyw yn union.

Wedyn, drannoeth, roedd y cynhebrwng. Wrth ddrws y capel mi oedd yna blât i hel arian — offrwm i'r marw. I'r fynwent wedyn, a chanu emyn:

'Ni ddaw 'nghyfeillion mwya'u hedd
I'm hebrwng ond hyd lan y bedd;
Try pawb eu cefnau, dyma'r dydd,
Gadawant fi'n fy ngwely pridd.'

Mi ddaru mi gasáu'r emyn hwnnw, er nad oeddwn i ddim ond ryw naw neu ddeg oed, ac rydw i wedi'i gasáu o byth.

Wedyn, pan aeth pawb i edrych i lawr i'r bedd, dyna'r hen Ifan Jones yn gafael ynof i eto. 'Yli,' medda fo, 'fan'na mae Wil Bach a fan'na bydd o am byth a ddaw o byth odd'na!'

Mi rois innau'r sgrech fwya ofnadwy dros y fynwent a gweiddi crio dros y lle, ac adra â fi o'u blaenau nhw i gyd ac i dŷ Nain i'r twll dan grisiau a chau'r drws ac eistedd yn fan'no ar ben y glo yn crio.

Newidiadau a Chynyrfiadau

Tua phump oed oeddwn i pan godwyd J. T. Jones, Tŷ'n Parc, yn weinidog yma. Mae gen i go' amdano fo'n dod i Dŷ Gwyn, fy nghartra cynta, ar bnawn Sadwrn. Dyna Mam yn dweud wrth Nhad fod John Tŷ'n Parc yn dod, ac rydw i'n ei chofio hi'n ei gyfarch o:

'Sut ydach chi, Mr Jones?' A meddwn innau yn grwt diniwed:

'John Tŷ'n Parc ydi o!'

'Be mae dy fam yn 'y ngalw i, 'machgen i?' medda fo.

'John Tŷ'n Parc,' meddwn innau.

'Da 'machgen i,' meddai yntau, a rhoi ceiniog i mi!

Mi gafodd yr hen gapel ei dynnu i lawr yn 1902-03. Roedd o'n wynebu tua'r dwyrain yn is i lawr na'r festri bresennol, ac fe aech at ei ddrws drwy giât y fynwent. Capel unllawr oedd o, a'r pulpud a'r sêt fawr yn ei ben isaf o. Mae'r pulpud a dwy gadair i'w gweld yn y festri heddiw. Bob tro y bydda i'n mynd i'r festri fe fydda i'n cofio mai cadair yr hen Domos Ellis, Carnguwch Bach oedd un a chadair yr hen William Griffith oedd y llall. Wedi hynny mi gymerodd Siôn Jones, y saer, a Harry Jones nhw.

Mi fedra i enwi'r teuluoedd fel ag yr oedden nhw yn eu seti. Rydw i'n cofio'n iawn fel y byddai'r blaenoriaid a'r pregethwyr yn cerdded yn urddasol o'r Tŷ Capel gydag Evan Jones, Llithfaen Isaf, ar y blaen. Fo oedd arweinydd y gân ac roedd yna enw da iddo fo am ganu Capel Isaf. Un o'r blaenoriaid a wnaeth fwyaf o argraff arna i oedd Gruffydd Roberts, Blaenau — dyn da ac yn eithriadol o dda efo'r bobol ifainc. Feiddiai neb anufuddhau iddo fo.

O dan y cloc mae yna blac yn nodi iddo fo gael ei gyflwyno gan briod Evan Jones. Roedd ei rieni o, William ac Ann Jones, yn perthyn i Gapel Isaf, ac mi gawson nhw dri mab. Fe aeth dau ohonyn nhw i'r môr a dod yn gapteiniaid — Evan ar y *Moel Tryfan* a John ar y *Moel Eilio*. Roedd y *Moel Tryfan* yn llong o ryw fil o dunelli neu fwy ac yn cario gwenith rhydd. Chaiff neb ei gario fo bellach gan ei fod o mor wyllt ac mor hawdd ganddo fo symud. Wrth i'r *Moel Tryfan* nesu at bentir Lloegr, ger Penzance, mi ddaeth sgôl o wynt, gan symud y llwyth, ac mi drôdd y llong ar ei hochor. Mi fyrstiodd yr hatsys, ac i lawr â hi. Un yn unig gafodd ei achub, gan iddo fo nofio i dir. I gofio Evan Jones y capten y cafodd y cloc ei gyflwyno. Yn Sbaen y bu ei frawd o, John, farw. Mi gludwyd ei gorff o adra a'i gladdu yng Ngharnguwch.

Rydw i'n cofio un noson Seiat yn dda. Mi anfonodd Mam fi yno y noson honno gan fod anhwylder ar ryw anifail, a hynny yn ei rhwystro hi a Nhad rhag mynd. Rydw i'n cofio fod dynion y noson honno yn tynnu talcen yr hen gapel i lawr a bod festri newydd wedi'i chodi yn barod ar gyfer addoli.

Cyn cychwyn, mi oedd Mam wedi fy siarsio i i gofio gwrando'n astud ac am imi gario'r genadwri a hanes y Seiat yn ôl iddyn nhw adra. Pan gyrhaeddais i i lawr at y Post roedd fy mhartner Llew Vic yno'n fy nisgwyl i. Y peth cynta a ddywedodd o oedd eu bod nhw'n taflu talcen yr hen gapel i lawr. Ac yno â ni ryw 'chydig cyn adeg y Seiat. Mi aeth fy sylw i i gyd ar y ffordd yr oedden nhw'n dymchwel y talcen, ac i lawr â fo efo twrw arswydus. Dyma ryw hen fachgen allan o'r festri i edrych be oedd yn bod, ac wrth weld Thomas Roberts mi sylweddolais i 'mod wedi colli'r Seiat. Sut yr awn i adra? At amser diweddu'r Seiat mi glosiais at y festri gan ddisgwyl gweld Richard Davies, brawd Mam. Mi ges i'r hanes ganddo fo yn gyflawn — a thipyn o gerydd yr un pryd.

Adra â mi yn llanc a dweud yr hanes i gyd amser swper. Ond mi ddaeth rhyw deimlad annifyr drosta i, rhywbeth yn gofyn i mi: 'Wyddost ti be wnest ti heno? Deud celwydd wrth dy rieni!' Rhaid i mi gyfadda fod y peth yn boen braidd arna i hyd heddiw.

Rydw i'n cofio un hanesyn digri a ddigwyddodd adeg Rhyfel y Transvaal yn Ne Affrica, pan oeddwn i'n hogyn ryw ddeuddeg oed. Roedd yna dre fawr yno o'r enw Ladysmith, a Lloegr yn trio cael gafael arni hi. Wel, fyddai yna ddim teliffôn na dim byd yr amser hynny, dim ond y 'bwletin' fyddai'n cael ei roi i fyny am ddeg o'r gloch ar fore dydd Sul yn ffenest y Post Offis. Mi fyddai pawb wedyn, wrth fynd yn griwiau i'r capel fore dydd Sul, yn troi i edrych beth oedd ar y bwletin. Roeddwn i ar fy ffordd i'r Ysgol Sul efo Nhad un bore Sul, a toc dyma hen gymeriad o'r enw John Hughes yn dod.

'Be 'di'r niws heddiw, hogia?' medda fo.

'Wel, mae Ladysmith wedi'i dal,' meddai rhywun.

'Eitha peth i'r diawl — mae hi'n gwneud digon o drwbwl ers talwm iawn,' meddai John Hughes. Roedd o'n meddwl mai dynes o'r enw Lady Smith oedd wedi cael ei dal!

Pan oedden ni'n gybiau ifainc mi fydden ni'n cario bagiau i'r bobol a fyddai'n mynd i gyfeiriad y Nant. Un noson roedden ni'n sefyll wrth ddrws y Vic ac mi ddaeth gŵr a gwraig allan. Mi oedden nhw wedi yfed yn drwm ac fe gawson ni gario eu bagiau i Greigiau'r Nant. Ar ail dro'r gamffordd dyma'r wraig yn dweud wrth ei gŵr: '*I'm going to rest a while here.*' A dyna wnaeth hi, gan orwedd ar fainc oedd yno. Roedd hi'n fis Ionawr ac yn rhewi yn y modd mwyaf ofnadwy. Mi aeth ei gŵr hi i lawr i'r Nant ac i'w wely. Dyma fo'n deffro tua phump o'r gloch y bore, a chan weld nad oedd ei wraig o ddim wedi cyrraedd, mi aeth i chwilio amdani. I fyny'r gamffordd ag o, ac ar y fainc ar yr ail dro mi'i gwelodd hi'n gorwedd wedi rhewi i farwolaeth. I lawr ag o yn ei ôl ac i storws y becws lle cafodd o sach peilliaid deugant gwag. Mi stwffiodd yr hen wraig, ei thraed gynta, i'r sach a'i chario i lawr felly a'i hysgwyddau allan.

Mi oedd John Griffiths, Tŷ Canol, yn ifanc bryd hynny ac yn cerdded tua'r beudai, pan welodd rywun yn mynd heibio. Mi ddychrynodd yn y modd mwyaf ofnadwy o weld rhywun yn mynd heibio tua saith o'r gloch y bore a llwyth ar ei gefn. Yn y capel fore Sul y deallodd o mai Mr Butler oedd yn cario corff ei wraig.

Pan oeddwn i'n fychan fe fyddwn i'n mynd weithiau efo Taid i Bwllheli efo car a cheffyl John Thomas, Tŷ'n Garreg, neu rai John Williams, Faenol. Roedd gan Mam chwaer yn nhai Penmount, Pwllheli. Bob tro y bydden ni'n mynd i'r dre mi fydden ni'n ymweld â hi, ac mi gawn innau bresant gan Taid. Erbyn amser cychwyn am adra, tua wyth o'r gloch, mi fyddai John Thomas a John Williams wedi meddwi'n chwil ac yn wynebu taith o ddwyawr i Lithfaen. Fe fyddai'n rhaid cerdded i fyny'r gelltydd gan fod cymaint o lwyth ar y ceir, i fyny Tan y Fron, allt fawr Llannerch ac o Gwyniasau. Roedd llyn mawr Felin Llannor ar y chwith wrth i ni ddychwelyd, a dim clawdd rhyngon ni ac o. Un noson mi aeth yn ras rhwng y ddau gar. Roedd John Thomas yn gyrru'n wyllt gan fygwth ein lympio ni i gyd i'r llyn. Dyma Nhaid yn gafael ynddo fo a rhoi coblyn o gweir iddo fo. Roeddwn i wedi dychryn am fy mywyd y noson honno.

Pan es i'n hŷn, mi fyddwn yn mynd i Bwllheli efo

beic, ond cerdded i Nefyn wnawn i bob amser. Rydw i'n cofio mynd i Nefyn un tro efo Llew Vic a Robin Hwmffras. Mi aeth Llew i'r Sportsman yno a meddwi. Wedyn, mi fu'n rhaid i ni ei gario fo adra i Lithfaen a'i osod o wrth ddrws ei gartra, y Vic, a deffro'i dad. Y cyfarchiad gafodd o oedd: 'Mi fasa'n well i ti yfed cwrw dy dad, yn basa!'

Mi glywais i Mam yn sôn droeon am godi'r Victoria. Hen ŵr o grydd yn Llithfaen a'i hadeiladodd hi, ond John Roberts, a fu'n byw yno am ddegau o flynyddoedd, fu'n ei rhedeg hi. Wedyn mi gymerodd Robert Roberts y lle trosodd; yntau wedi priodi merch y dafarn.

'Chydig iawn o dai oedd yn Llithfaen pan oedd Mam yn eneth ond fel yr aeth y blynyddoedd heibio mi adeiladwyd mwy a mwy, nes tyfodd y pentra gryn dipyn. Gydag amser, hefyd, fe newidiwyd enwau rhai o'r bythynnod, ac aeth Cae Cribyn, lle ganwyd Mam, yn Fryn Meirion, a 'Refail yn Fryn Dirwest.

Rydw i'n cofio Tŷ Croes heb na ffenest na drws arno fo. Wedyn, mi ddaeth amryw o ddynion at ei gilydd i geisio codi stôr gydweithredol yn Llithfaen. Fe aed ati i wneud Tŷ Croes i fyny drwy ganiatâd y perchennog, sef gŵr Uwchlaw'r Ffynnon, Llanaelhaearn. Mi gafwyd tua deg ar hugain o aelodau ar y pryd ac mi lanwyd y tŷ efo stoc, ac agor gyda'r nosau ar ôl gwaith. Fe ddewiswyd rheolwr o blith yr aelodau, un arall yn ysgrifennydd, un arall yn drysorydd, a rhai gweithwyr. Mi fyddid yn ailddewis bob tri mis, a gwirfoddolwyr oedden nhw i gyd. Pan es i'n aelod fy hun yn nes ymlaen, mi oedd y busnes ar gynnydd ac roedd y tâl ymhen chwarter gymaint â choron y bunt. Roedd hyn yn help mawr i'r teuluoedd gweiniaid, ac mi fyddai rhai teuluoedd yn derbyn tua degpunt o ddifidend.

Roedd yma yr adeg hynny gynifer â phedair siop groser arall, a mynd da ar y chwareli. Roedd y siopau eraill yn poeni, ond yn darogan y byddai'r Co-op wedi mynd â'i phen iddi yn fuan iawn. Ond fel arall y bu hi, ac mi symudwyd yn fuan iawn o Dŷ Croes i Compton House, siop a aeth yn wag.

Yn y dyddiau hynny, pan oeddwn i'n ifanc, roedd hi'n dlawd iawn ar lawer, a phan fyddai rhywun yn methu talu dyled mi ddôi'r beili i'r tŷ — Beili Cwrt Bach oedden nhw'n ei alw fo. Roedd un dyn, John Ifans, wedi claddu'i wraig ac yn methu talu am yr arch. Mi ddaeth y beili yno i chwilio am yr arian, a be wnaeth yr hen John ond neidio ar draed y beili a rhoi peltan iddo fo allan o'r tŷ, ac mi gafodd fynd oddi yno heb ei bres na dim.

Mi wn i hefyd am lawer y bu'n rhaid iddyn nhw fynd i'r wyrcws. Mynd yno i farw roedden nhw i bob pwrpas — ym Mhwllheli yr oedd y wyrcws. Roedd yna lawer o salwch hefyd, yn enwedig y diciâu. Mi fyddai yna lawer o bobol ifainc yn marw ohono fo, ond yn siriol drwy'r cwbwl, gan feddwl eu bod nhw'n mendio bob dydd.

Rydw i'n cofio Mam yn dweud hanes am lojar y Cambrian. Siôn Hughes oedd ei enw fo ac mi oedd o'n hoff o hela a chario gwn. Un tro, mi aeth o i lawr at ffermydd Ciliau Canol a Chiliau Isaf. Yng ngwaelod wal fawr y terfyn, mi oedd yna gamfa, ac wrth fynd drosti fe daniodd y gwn ac mi aeth y fwled i'w fraich o. Mi lwyddodd rywsut i gyrraedd yn ôl i bentra Llithfaen, a rhywun yn gorfod cerdded i gyfeiriad Pwllheli i nôl y meddyg. Mi ddaeth y meddyg ar gefn ei ferlen, a'r canlyniad fu torri'r fraich i ffwrdd uwch ben y penelin. Mi fu'n rhaid i Mam fynd i'r parlwr bach i helpu'r doctor. A dyna'r peth mwyaf arswydus a welodd hi erioed, a hithau ond yn bedair ar ddeg — gwylio'r doctor yn llifio'r fraich i ffwrdd efo rhyw fath o li. Doedd yna fawr o sôn am ysbytai y pryd hynny, a llawer yn marw am nad oedd yna ddim cyfleusterau fel sydd yna heddiw ar gael.

Roeddwn i'n ryw un ar bymtheg oed yng nghyfnod Diwygiad 1904-05, ac mi ydw i'n cofio fel y bydden nhw'n gweddïo ac yn gweddïo yn y capeli yma, tan un neu ddau o'r gloch y bore weithia. Rydw i'n cofio un nos Wener tua diwedd 1904, ac A. R. Jones, tad y Parchedig J. S. Jones wedi mynd i hwyl fawr — pawb yn neidio hyd y seti a thua ugain yn y sêt fawr ar draws ei gilydd. Pregethwr cynorthwyol oedd A. R. Jones. Roedd o'n gloff ei glun ac yn gweithio yng ngwaith y Nant. Mi fu farw'n 44 oed, ond roedd o'n ymddangos yn hen ŵr i ni ar hyd y blynyddoedd.

Rydw i'n cofio Evan Roberts, y Diwygiwr, yn y capel newydd presennol. Roedd o'n pregethu yno am ddau o'r gloch ar ddydd Mawrth a'r chwareli i gyd wedi cau. Mi oedd y capel a'r festri yn orlawn a llawer yn sefyll y tu allan. Fe ddaeth y Diwygiwr i mewn yn hwyr a dringo i'r pulpud a rhywbeth dros ei ben o. Dyma fo'n rhoi emyn allan — 'Dewch, hen ac ieuanc, dewch', a'i destun o oedd 'Deuwch i'r dyfroedd, pob un y mae syched arno'. Pregeth bach reit syml gawson ni, dim cynnwrf o gwbl, ac mi aeth o allan tra oedden ni'n canu'r emyn ola. Dim byd cynhyrfus o gwbwl.

Yn ystod y Diwygiad mi ddaeth llawer iawn i ddweud eu bod nhw wedi cael troedigaeth, ond 'chydig wnaeth bara felly. Rydw i'n cofio un a gafodd dro iawn — tro crwn gwirioneddol — sef Roland Jones, Gors. Dyn yn byw bywyd digon gwael, a iaith go annymunol ganddo fo, ac yn yfed moroedd weithia. Ond ar ôl cael troedigaeth mi ddaeth o'n ddyn da iawn ac fe fuodd o'n gefn mawr i'r eglwys wedi hynny. Mi fu farw yn 1918, yn Gristion heb amheuaeth.

Ar ôl i'r Diwygiad leddfu rhywfaint roedd y gweinidog un noson yn derbyn y rhai oedd wedi dychwelyd i'r eglwys yn ystod yr amser pan oedd o yn ei anterth. A'r adeg honno roedd gofyn i bawb arwyddo dirwest. Roedd yna griw mawr yn yr eglwys, ac yn eu mysg nhw roedd yna ddau frawd. Mi ddaeth y gweinidog at y ddau frawd a gofyn iddyn nhw arwyddo. 'Na wnaf,' meddai un. 'Rydw i wedi'i seinio hi ar lech fy nghalon. Mae hynny'n well nag ar yr hen lyfr 'na.' Yr hen weinidog wedyn yn trio'i ddarbwyllo fo, ond gwrthod yn bendant wnaeth o. Troi at y brawd arall wedyn, a hwnnw'n dweud yr un peth, ei fod o wedi arwyddo ar lech ei galon.

Sut bynnag, mi ddaeth y ddau frawd allan o'r Seiat y noson honno drwy ddrws ffrynt y Capel, a mynd i mewn ar eu hunion drwy ddrws cefn y Victoria!

Harry a Dora Williams, Nhad a Mam.

▲
*Teulu Tir Gwyn.
Rwyf i ar y chwith a'm
brawd John ar y dde, Nhad
a Mam yn eistedd, a
rhyngddynt Catherine Ellen
fy chwaer. Yn y cefn mae fy
modryb, Jane Jones.*

◀

*Ann a minnau yn Lerpwl
ar achlysur ein dyweddiad
yn 1912.
Fe briodasom ni yn 1913.*

Gweithgarwch mawr — y Point of Ayr *wedi cyrraedd.*

*Llun a dynnwyd yng Ngharreg y Llam tua 1947-48.
O'r chwith: Ted Evans, Cartrefle; William Thomas, Tan y Bwlch; Bob Roberts, Tan y Marian; John Williams, 6 Moriah Terrace; Eric Griffiths (mab Tal); Glyn Ellis, Mynytho; Tal Griffiths, Awelfryn.*

Y gweithwyr yn cyflwyno rhodd i mi ar fy ymddeoliad o'r chwarel.

Fy mam pan oedd yn 90 oed, gyda fy chwaer Catherine Ellen Griffiths, yn 1953.

Gweinidogion a Blaenoriaid Capel M.C. Llithfaen yn 1955, yn ystod dathlu hanner canmlwyddiant adeiladu'r capel.

Teulu o Chwarelwyr

Yn Ro-wen, Dyffryn Conwy y mae gwreiddiau ein teulu ni o ochor fy nhad. Fe'i ganwyd o, Henry Williams, mewn tŷ bychan o'r enw Pengwern yn fan'no. Enw'i dad oedd John Williams, neu'r 'Hen Bant' fel roedd o'n cael ei nabod, gan mai ym Mhant yr Afon yn Ro-wen y magwyd o. Roedd o'n gwffiwr garw ac yn yfwr o fri. O ganlyniad i un ymladdfa fe anafodd ei fraich ac mi fu'n rhaid ei thorri i ffwrdd. Cafodd fachyn yn ei lle a'r cyfan fyddai raid iddo ei wneud wedyn oedd dangos y bachyn! Enw ei wraig, mam fy nhad, oedd Elin. Mi fu hi farw'n ifanc, tua 31 oed, gan adael tri phlentyn — Harry, John a Jane.

Yn chwarel ithfaen Penmaenmawr yr oedd Nhaid yn gweithio, ac mi oedd ganddo chwe milltir o waith cerdded bob ffordd dros fynydd Tal-y-fan. Mi gafodd ei ddyrchafu'n fforman cyn ei symud i Nant Gwrtheyrn. Mi briododd bryd hynny efo merch o'r Fali yn Sir Fôn, a daeth dau o'i blant, Harry a John, i fyw atyn nhw. Fe arhosodd Jane y ferch yn y Ro i weini mewn ffarm o'r enw 'Swan'.

Mae yna hanesyn diddorol iawn am Jack Swan. Roedd merch ifanc, Mary, yn byw mewn plasdy o'r enw Coed Mawr yn yr ardal ac roedd Jack ar ei hôl hi o hyd ac o hyd ond châi o ddim croeso ganddi.

Mi ddaeth yna brifathro i'r ardal; Jesse oedd ei enw fo, ac fe fyddai o a Mary yn cyfarfod ger Cerrig Pryfaid, tomen o gerrig duon ar ochor y mynydd. Âi o yno i ddarllen yn reit aml. Dyna oedd o'n ei wneud un diwrnod pan ddaeth Jack o'r tu ôl iddo fo mewn llid ofnadwy a'i lofruddio fo. Doedd gan neb syniad o gwbwl i ble'r oedd Jesse wedi diflannu, ond un diwrnod mi sylwodd y ffarmwr wrth gerdded yn ymyl Cerrig Pryfaid nad oedd y cerrig yn ddu i gyd bellach a bod rhywun wedi bod yn aflonyddu arnyn nhw. Mi symudodd rai ohonyn nhw a dod o hyd i gorff Jesse. Fe amheuwyd Jack a'i restio. Y diwedd fu ei grogi un bore am wyth o'r gloch. Roedd cloch fawr yn cael ei chanu bob tro roedd rhywun yn cael ei grogi.

Tra ydw i'n sôn am grogi, rydw i'n cofio am Twm Jones o Stiniog yn dod o gwmpas efo'i wraig i werthu rubannau a rhyw fanion felly pan fyddwn i'n blentyn. Mi ddiflannodd yr hen wraig ac mi'i darganfuwyd hi'n farw. Cafodd ei gŵr ei ddedfrydu i'w grogi, a phan ofynnwyd iddo fo'r noson cynt be oedd o'n dymuno'i gael i'w fyta, mi ofynnodd am ŵydd wedi'i rhostio a stwffin. Mi cafodd o nhw, ac mi'i crogwyd o fore trannoeth. Roedd cloch yn canu y bore hwnnw hefyd. Mi fyddai Mam yn dweud wrthon ni'n reit aml am wrando i edrych a glywen ni gloch fawr Caernarfon.

Cartrefodd Nhaid a'i deulu yn 5 Sea View, Nant Gwrtheyrn, a ganwyd tri o blant iddo fo a'i wraig newydd — Watkin, Dafydd ac Ann.

Roedd Nhaid o ochor Mam yn hanu o Drefor,

a'i wraig o Lithfaen. Cae Cribyn oedd enw ei chartra hi; dyna lle mae Bryn Meirion heddiw. Fe anwyd wyth o blant iddyn nhw; pedwar yng Nghae Cribyn, sef Catrin, Mary, Dora (sef Mam) a William; a'r pedwar arall, Lisa, Elin, Jane a Richard, ar ôl i'r teulu symud i Dreddafydd. Roedd yn amser caled iawn i fyw ac i gadw wyth o blant.

Tir gwyllt oedd Treddafydd, a'r weirglodd yn donnen bron i'r gwaelod. Mi fyddai Nhaid yn lardio'n galed gyda'r nosau yn y gaea wrth olau lantarn, yn tryforio a sychu'r tir ar ôl diwrnod caled ar y graig. Mi fyddai'n rhaid bod yn y bonc uchaf yng Ngwaith Llanaelhaearn fore trannoeth erbyn chwech. Mi fyddai'n gwneud pob math o orchwylion eraill hefyd, yn cynnwys llunio gwadnau i glocsiau'r teulu. Roedd o'n mynd wrth olau lantarn yn y gaea i winllan Mynydd Mawr i dorri coed siacan ar gyfer hyn.

Bu farw dwy o'r merched yn ifanc — Mary (Anti Bel fel yr oedden ni'n ei galw hi) yn marw o'r diciâu yn 36 oed, cyn bod yna feddyginiaeth i'r clefyd hwnnw, a Lisa a fu farw ar enedigaeth plentyn, chwe wythnos ar ôl Mary.

Rydw i'n cofio Mam yn dweud fel y byddai hi ac eraill yn mynd yn ifanc at Griffith Parry, Ffridd, i godi tatws am dair ceiniog y dydd a thipyn o fara ceirch mewn bag i fynd adra. 'Chydig iawn o ysgol a gafodd hi yn siŵr, ond roedd hi'n gallu darllen ei Beibl cystal ag unrhyw un. Roedd hi'n goblyn o dda am wneud menyn o laeth y tair buwch. Mi fyddwn i'n mynd â thri phwys o fenyn i Nhaid

Nant yn rheolaidd pan oeddwn i'n ifanc, a hefyd biseraid o laeth enwyn a phiseraid bach o lefrith wedi ei rwymo wrtho fo.

Dwy ffarm oedd yn y Nant — Tŷ Uchaf a Thŷ Canol. Yn Nhŷ Canol yr oedd gwreiddiau fy ngwraig, Ann. Ei thaid a'i nain hi, Siôn a Siân Griffiths oedd yn byw yno. Roedd ganddyn nhw bedair merch — Catrin, Grace, Lisa a Jane Ann, ac un mab, John. Mi briododd Grace efo Hugh Roberts, capten llong o Nefyn. Enw ei long o oedd *Susan Elen* — sgwner tri mast yn cario rhyw bedwar can tunnell. Mi aethon i fyw i'r *White Horse*, tafarn yn Nefyn, ac yno y ganwyd eu plant — Hugh, Jane ac Ann, fy ngwraig.

Mi gafodd Hugh Roberts anhwylder i'w wddw unwaith. Roedd ei feddyg, perthynas iddo fo, Dr Wyn Griffith, yn Llundain ar y pryd. Mi fyddai'r meddyg yn mynd ar fordaith efo fo o dro i dro, a chan ei fod o'n cwyno, mi wrthododd adael i Hugh ddychwelyd i Nefyn efo'r llong ac mi fu'n rhaid iddo fo deithio dros y tir. Fe welodd y doctor y llong yn gadael efo llwyth o goed, a dyna'r ola welwyd arni. Mi ddiflannodd hi a'i chriw heb hanes byth ohonyn nhw.

Roedd gan Capten Roberts gwch pysgota ac mi aeth allan un gaeaf ar ddiwrnod stormus iawn. Roedd Grace, ei ferch, ac eraill, yn gwylio o'r lan ac mi welson nhw'r cwch yn cael ei ddymchwel. Roedd dau arall yn y cwch efo fo, un yn fab y Gongl, Nefyn. Mi ddaeth dau gorff i'r lan yn fuan, ond mi fu corff y Capten Hugh Roberts yn y môr am fis. Mi gafwyd hyd iddo fo yn y diwedd ger Glannau Môn. Wedyn, mi ddaeth Grace a'i thri phlentyn yn ôl i fyw i Lithfaen. Dwyflwydd a hanner oedd Ann fy ngwraig ar y pryd.

Mi ddaeth Nhad efo'i deulu o Ro-wen, Conwy, pan oedd o tua phymtheg oed. Yn fuan ar ôl dod i'r Nant mi ddaeth yn bartner efo bachgen o'r enw John Gruffydd, ac roedd y ddau yn brentisiaid yn y bonc yn y Nant. Ar bnawn Groglith dyna John Gruffydd at Nhad a dweud wrtho fo, 'Duwcs, Harri, mae 'na gwarfod 'gethu yn Capel Isa Llithfaen dydd Sul a dydd Llun. Ddoi di yno dydd Sul?'

'Do' i,' meddai Nhad, ac felly y bu hi. Ar ôl oedfa'r pnawn, roedd y ddau yn cicio'u sodlau hyd y pentra yn disgwyl oedfa'r nos, a neb yn cynnig panad o de na dim iddyn nhw. Ond dyma ryw hen wraig yn dod allan o'i thŷ efo piser i fynd i godi dŵr o'r pin dŵr. 'Pwy ydach chi?' meddai hi.

'O'r Nant,' medden nhwythau.

'O, yr hen gapal 'na ydach chi, m'wn?' meddai hi. 'Ydach chi wedi cael tamad?'

'Naddo,' meddai'r hogia.

'Wel, dowch efo'r hen Begw Dafydd i'r tŷ,' meddai'r hen wraig, 'Mae gan yr hen Begw damad bob amser, er nad ydw i'n cael dim ond dau a naw yr wsnos at 'y myw.'

I'r tŷ â nhw ar ei hôl hi felly. Ac mi oedd hi'r ddynes hylla yn y wlad, medden nhw, a'r ddau yn methu dal heb chwerthin. I mewn â nhw i'r hen dŷ bychan yma, a hwnnw'r tŷ glana bosib. Sachau oedd ar lawr yn fatiau; roedd yno un gadair ac un hen focs sebon i eistedd arno fo. Roedd y bwrdd wedi'i sgwrio'n wyn efo gro. Dyma'r hen wraig yn estyn y dorth i'r bwrdd, a rhoi haen go dda o fenyn ar frechdan bob un iddyn nhw, a lwmp o gaws, a'i gwasgu hi'n dynn wedyn. Wedyn, y tebot yn dod i'r bwrdd, a chwpan a soser. Tywallt llond y gwpan o de i un hogyn, a llond y soser wedyn i'r llall. Mi oedd y ddau wedi cael modd i fyw ac yn methu'n glir â'i dal hi heb chwerthin. Ond p'run bynnag, mi ddiolchon nhw iddi a rhedeg allan wedyn i chwerthin.

Ymhen 'chydig o fisoedd wedyn mi fu'r hen Begw Dafydd farw, a phan fu hi farw dyma rigymwr o'r enw Wil Parry yn dod i siop Pen-y-groes yn y pentra 'ma a dweud wrth Cadi Edmwnds, yr hen wraig oedd yn ei chadw hi: 'Duwcs, mi ydw i wedi gwneud pryddest i'r hen Begw Dafydd hefyd.'

'Wel taw, gad i mi ei chlywed hi,' meddai honno. A fel hyn roedd hi'n mynd:

> 'Dydd mawr fydd dydd y cyfri,
> Megan Dafydd fydd gerbron
> A'r angylion oll yn gweiddi,
> Brenin Mawr, o le daeth hon?'

Mi ddaeth yna gefnder i Nhad o Ro-wen i'r Nant i weithio yn y chwarel. Huw Edwards oedd ei enw fo, ac Ann Edwards oedd ei wraig. Roedd o'n gweithio yn y bonc uwchben tai'r Nant ac mi gafodd ei ladd yno. Doedd yna ddim dimai o iawndal na dim i'w gael gan y cwmni. Dynes fregus oedd ei wraig o, ac mi aeth yn wael, a phlentyn bach ganddi hi. Mi fyddai Mam yn dod i lawr i'r Nant bob dydd i dendio arni hi, a'm gadael i efo Nain yn Llithfaen. Roeddwn i tua chwe mis oed ar y pryd. Fy nhaid wedyn yn cario bwyd iddi, a bachgen ifanc oedd yn byw mewn tyddyn bach yn y Nant yn dod â photelaid o lefrith i'r plentyn bob dydd.

Un diwrnod, dyna'r hen Wyddelod, ar ôl iddyn nhw gael eu cyflog ar Sadwrn tâl, yn gwneud casgliad. Un ohonyn nhw yn mynd o'u cwmpas nhw, rhyw ddeg ar hugain ohonyn nhw, efo'i gap a phob un yn rhoi faint fedrai o. Wedyn, dyma fo'n mynd at y Cymry efo'i gap, a roddodd neb yr un ddimai yn ei gap o. Wel, mi aeth yr hen Wyddel i dŷ Ann Edwards a thywallt rhyw bymtheg swllt ar y bwrdd, ac mi fu'r pres yn gymorth mawr iddi hi. Ond gwanhau oedd hi bob dydd, a dyna'i mam hi o Ro-wen yn meddwl y byddai hi'n well i Ann ddod adra ati hi. Yr hen Wyddelod wedyn yn gwneud cadair a siafftiau arni hi er mwyn i bedwar ei chario hi a'r plentyn i fyny'r gamffordd i gyfarfod y car oedd yn mynd â hi i Chwilog i ddal y trên.

A wyddoch chi pwy oedd y plentyn? Dr Huw T. Edwards, y gwleidydd, ac awdur *Troi'r Drol* a *Tros y Tresi*. Roedd o'n gyfyrder i mi, ond mae o wedi marw rŵan ers rhyw ugain mlynedd. Yn 1935 y gwelais i Huw Bach gyntaf, pan ddaeth o ar ymweliad â Llithfaen.

Pnawn Sadwrn oedd hi, a finnau'n sefyll wrth y giât. Dyna fi'n gweld car yn dod ac yn arafu wrth ymyl y tai, a phan ddaeth o at ein tŷ ni, Rowenfa, mi stopiodd, a dyn yn neidio allan. 'Oes wnelo hwn rywbeth â Ro-wen?' medda fo.

'Oes,' meddwn innau, 'un o fan'no oedd Nhad.'

'Harri Williams ydi o?' meddai'r dyn.

'Ia,' meddwn innau.

'Ydi o'n fyw?'

'Nac ydi, mae o wedi'i gladdu ers tua chwe mis.'

'Ydi Doli'n fyw?'

'Ydi, mae Mam yn byw yn fan'na mewn tŷ o'r enw Pengwern — enw hen gartra Nhad yn Ro-wen,' meddwn i.

Mi aeth Ann fy ngwraig ag o i weld Mam wedyn. 'Ydach chi'n fy nabod i?' medda fo wrth Mam.

'Na, 'dwn i ddim byd pwy ydach chi, 'machgan i,' meddai Mam.

'Dew, mi ydach chi wedi gwneud llawer cymwynas â Mam yn y Nant 'na,' medda fo, 'ac wedi fy magu innau.'

'Nid Huw bach wyt ti?' meddai Mam.

'Ia,' meddai yntau, a dyna garu mawr wedyn a chroeso mawr iawn iddo fo. Roedd o eisiau mynd i ben y Nant wedyn cyn mynd adra i weld y tŷ y ganwyd o ynddo fo, sef y trydydd tŷ yn y rhes isa.

Dechrau Gweithio

Pan oeddwn i'n dair ar ddeg oed ac yn *Standard Six*, mi wnes i fadael â'r ysgol. Roedd Nhad yn wael dan gryd cymalau ac heb weithio fawr o drefn ers blwyddyn. Mi oedd hi'n ddigon tlawd arnon ni. Dim byd yn dod i mewn, dim dôl nac insiwrans yr adeg honno pan oeddwn i'n blentyn — ddim tan 1910 pan gafwyd nhw gan Lloyd George. Pan fyddai damwain angheuol yn digwydd yn y chwarelydd neu rywun yn brifo, doedd yna ddim un math o iawn na dim i'w gael bryd hynny.

Beth bynnag, roeddwn i'n gweld na fedrwn i ddim aros yn yr ysgol, a Mam yn ddigon tlawd a Nhad yn ei wely. Felly, mi es i allan i weithio. Mynd at Nhaid yn brentis setsman i Chwarel y Nant a wnes i ac mi fûm yno efo fo am ddwy flynedd. Saith swllt yr wythnos oeddwn i'n ei gael yn gyflog. Mi gododd hwnnw ryw gymaint fel yr oeddwn i'n heneiddio a phriodi ac ati. Rydw i'n credu mai deg a chwech oedd fy nghyflog ucha i cyn i'r hen Ryfel Byd Cyntaf yna ddod ac i minnau orfod mynd trwy honno i gyd.

Pan oeddwn i'n hogyn ifanc yn cychwyn gweithio yn y chwarel mi oedd yna lawer o Wyddelod yn byw ac yn gweithio yn Nant Gwrtheyrn. Roedden nhw'n dod yno efo llong o lefydd fel Dulyn a Newry — rhai yn dod fel *stowaways* yn y nos. Dod at fy nhaid i chwilio am forthwyl fore trannoeth a chael un ar unwaith. Eu gwaith nhw yn y chwarel fyddai malu metlin, sef malu cerrig yn fân. Hwyrach y bydden nhw yno am fisoedd lawer ac yn mynd oddi yno yn sydyn wedyn, dau neu dri ohonyn nhw, heb ddweud wrth neb. Dal llong fyddai'n llwytho gefn nos a mynd efo hi i Lerpwl ac oddi yno i Ddulyn.

Bryd hynny, roedd digon o angen am bobol i weithio yn y chwarel gan fod yna fynd mawr ar y cynnyrch. Mi fydden ni'n gweithio nos a dydd yn gwneud sets. Set ydi carreg rhyw bedair modfedd o dew a chwe modfedd o ddyfn a rhyw saith i wyth modfedd o hyd. Mi fyddai yna waith dresio ar y sets, ac wedyn roedden nhw'n cael eu defnyddio i balmantu strydoedd yn Lerpwl a Manceinion ac ati. Mae hynny wedi darfod rŵan — tar ydi popeth erbyn hyn. Rydw i'n cofio Lerpwl wedi'i phalmantu ddim ond efo sets. Gydag amser, mi fyddai'r wyneb yn gwisgo dan draed y ceffylau ac wedyn mi fyddai yna griw o'r gweithfeydd yma yn mynd yno i'w hail-ddresio nhw.

Weithiau mi fyddai'r Gwyddelod yn cwffio'n ofnadwy. Rydw i'n cofio bod yn y bonc ymhell uwchlaw iddyn nhw, a hithau'n mynd yn ffeit fawr rhwng dau ohonyn nhw wrth falu ar y domen. Roeddech chi'n eu clywed nhw'n clecian ei gilydd nes âi un ar lawr. Gorwedd ar lawr am sbel ac wedyn codi, a'r ddau yn ysgwyd llaw efo'i gilydd ac yn cychwyn gweithio eto.

Rydw i'n cofio'r cynebryngau y bydden nhw'n eu cynnal. Un tro roedd dyn o'r enw Murphy wedi marw yno — dyn oedd yn gweithio ar y bonc pan oeddwn i'n rhyw bedair ar ddeg oed. Mi fyddai hi'n arferiad gan y Gwyddelod gynnal gwylnos — a *gŵyl* nos oedd hi hefyd — noson cyn y cynhebrwng. Yr arch ar ganol y llawr a digonedd o gwrw ar ei thop hi a chwpanau ar ei throed hi. Mi fyddai'r ŵyl yn dechrau am wyth o'r gloch. Canu hen ganeuon Gwyddelig a meddwi'n chwil nes mynd i gysgu. Gorweddian ym mhob man ar draws y lle wedyn tan y bore. Mi glywais fy nhaid yn dweud lawer gwaith bod yn yr arch efo Murphy focs o fatsys a channwyll a morthwyl a goriad. Roedd yr hen Wyddelod yn dal allan bod yn rhaid iddyn nhw fynd i le o'r enw'r Purdan ar ôl marw, i gael eu perffeithio cyn mynd i fyny. Ar ôl bod yn fan'no am sbel ac wedi dod yn o-lew, mi fyddai Murphy yn rhoi golau ar y gannwyll a churo wrth y drws efo'r morthwyl a'i agor o efo'r goriad. A'r Archangel Mihangel a Phedr wrth y drws yn disgwyl i edrych i ba adran o'r Nefoedd y câi o fynd.

Pan fyddai yna gynhebrwng yn y Nant mi fyddai'r elor a gâi ei chadw yn y capel yn Llithfaen yn cael ei chario i lawr i'r Nant a rhoi'r arch arni hi. Wedyn, mi fyddai fy nhaid yn gyrru pedwar dyn go gryf a thua'r un seis i fynd o dan yr elor, a rhyw bump neu chwech o hogia fel finnau yn ei thynnu hi wedyn i fyny'r gamffordd efo rhaff. A'r Gwyddelod yn dod yn un llu y tu ôl i ni dan ganu a bloeddio. Ar ben y gamffordd mi fyddai yna drol neu gar llusg i fynd â'r arch i fynwent Pistyll i'w chladdu. Wrth dorri bedd mi fydden nhw'n rhoi digon o wellt yn ei waelod o ac yn rhoi'r arch i lawr, a rhoi gwellt ar ben honno wedyn. A dyna lle tarddodd yr hen ddywediad, 'Mae o wedi mynd i'r gwellt.' Rydw i'n cofio fy mam yn dweud am ryw hen fachgen o Gymro yn cael ei gladdu a nhwythau'n troi eu cefnau ar ôl ei gladdu fo ac yn dweud: 'Wel, dyna'r hen Dafydd Robaits wedi mynd i'r gwellt.'

O 1903 ymlaen mi fûm i'n malu cerrig efo John Griffiths, Tŷ Canol. Yn y cyfnod hwn fe ges i brofiad hynod o gynhyrfus. Roedd un o 'nghydweithwyr yn sôn wrtha i o hyd ac o hyd ei fod o'n bwriadu'i ladd ei hun trwy'i daflu'i hun i lawr i'r bonc isa. Mi soniais wrth John Griffiths am hyn, ac yntau'n dweud wrtha i am ddweud wrtho fo yr awn i i'w helpu o, os leicia fo. Mi wnes i hynny. 'Ddoi di wir?' medda fo, ac mi aethom ein dau i'r cwt powdwr. Dyma fo'n rhoi darn o ddeinameit a ffiws a chapsan wrth ei gilydd a gofyn i mi: 'Oes gen ti fatsian?'

'Oes,' meddwn innau, ac estyn un iddo.

'Hwda'r diawl!' medda fo wrtha i. 'Wyt ti'n meddwl 'mod i mor wirion â hynna!'

A dyma fo'n rhoi cythraul o gic i mi nes agorodd clem fawr ei esgid fy nghoes yn hegar iawn a honno'n pistyllio gwaedu. Yn ôl â fi at John Griffiths ac mi lapiodd yntau hances goch am fy nghoes i. Mae'r graith gen i o hyd. Mi fûm i adra am ddeuddydd neu dri, a soniodd o ddim am ladd ei hun byth wedyn.

Mi adewais i f'ewythr Watkin, goruchwyliwr chwarel y Nant, am Garreg y Llam yn 1908. Fe ges i waith yno gan Mr Wright, un o Lanbedr, Meirionnydd. Fi oedd y cynta i gychwyn yno, a'r orchwyl a ges i ganddo fo oedd mynd i chwilio am griw o ddynion i ailagor y chwarel. Mi lwyddais i gael gafael ar naw erbyn bore Llun, ac mi ddaeth llong o'r enw *Helvisia* yno efo llwyth o goed tua phump o'r gloch nos Wener, gan angori tua chwarter milltir o'r lan, a dyma John Davies, Fronhyfryd, a finnau gydag o, yn rhwyfo cwch yn ôl a blaen at y llong i halio'r coed i'r lan, o nos Wener tan hanner nos nos Sadwrn.

Y bore Llun wedyn mi ges i fy rhoi ar y graig efo William Griffiths, Bryn Dirwest. Roeddwn i wedi cael yr argraff, o siarad efo rhywun, mai un blin iawn oedd William Griffiths, a finnau'n poeni a bron yn gwrthod mynd ato fo. Ond nid felly y bu hi. Hyd heddiw rydw i wedi diolch llawer am yr hen gymeriad annwyl. Mi ddysgodd o lawer iawn imi am y creigiau a sut i drin powdwr. Mi lwyddodd i ddofi llawer arna i hefyd. Roedd o'n ddyn pendant a chadarn.

Un tro, pan oedd angen tyllu'r graig, a William Griffiths yn dal yr ebill a minnau'n trin y morthwyl mawr, *double handed*, y peth cynta a drewais i oedd coes William Griffiths, nes cododd lwmp fel wy arni hi. Wel, mi ges fraw! Yn fy nychryn dyma fi'n peri iddo fo ofyn am rywun arall. 'Na, na,' medda fo'n fwyn, 'rydw i wedi cael hyn ddega o weithia o'r blaen. Mi ddysgi di.'

Ein gwaith ni ar y cychwyn oedd torri'r graig i gael digon o le i godi melin i falu cerrig a chael cerrig digon da i wneud conglau i'r adeilad. Roedd rhaid codi saith *hopper* i ddal gwahanol stwff o'r mân i'r bras, o lwch i fyny i ddwy fodfedd a hanner. Roedd yr *hoppers* yn ddeng troedfedd ar hugain o uchder; hyn yn cynnwys twnel o dan bob un i'r wagen fynd yno er mwyn llwytho'r llongau. Roedd y waliau wedi eu codi efo mortar a chalch, dim sment. Roedd y llwythwyr yn ofni am y wal pan ddôi'r llong gyntaf yno. Mi ddaeth y llong honno — ei henw hi oedd *Eirina* — a llwytho o'r *hopper* flaen. Roeddwn i'n digwydd bod yn y llong gynta honno a phawb yn bryderus am y wal. Roedd Mr Wright, y perchennog, yno ar y pryd ac yn gwylio'r wal yn fanwl. Yn sydyn, dyma'r llwch allan ac mi gwympodd wal yr *hopper* efo wyth gan tunnell o fetlin ynddi hi. Dihangfa gyfyng iawn gafodd rhai o'r dynion oedd ar y wagenni. Rydw i'n cofio bod yn y llong a chlywed y bow yn codi am fod y domen a aeth i'r môr yn ei chodi hi i fyny. Roedd y mêt yn yr howld efo mi. Doedd o ddim yn siarad Cymraeg, er mai un o'r Felinheli oedd o. Ond pan glywodd o'r twrw, mi waeddodd mewn Cymraeg glân: 'Arglwydd Mawr, be sy wedi digwydd?'

'Dowch i'r Armi . . .'

Yn 1915 fe ymunais i â'r Fyddin, yn 27 oed ac wedi priodi ers tua dwy flynedd. Roedd hi'n ddigon main arnon ni hogia ifainc bryd hynny — cyflogau isel ac yn y blaen. Doedd dim gorfodaeth arna i i ymuno, chwaith, ond wrth weld yr hogia'n mynd ac yn mynd, fedrwn i ddim diodda bod adra.

Rheswm arall oedd bod John Williams, Brynsiencyn wedi bod o gwmpas yn ricriwtio.

John Williams, Brynsiencyn — dyna hen gena o ddyn drwg oedd hwnnw. Eglwys fawr ganddo fo yn Lerpwl, a beth wnaeth o yn nechrau'r Rhyfel ond mynd yn gi bach i goethi i Lloyd George. Mi fyddai o'n dod hyd y wlad yma ac yn dweud ffasiwn le oedd yn yr Armi.

'Chi hogia ffarmwrs,' medda fo, 'mae golwg fel tasach chi'n byta gwellt eich gwlâu arnoch chi. Rydach chi'n gweithio o bump o'r gloch y bore tan un ar ddeg; gweithio dau ddiwrnod mewn diwrnod, a chael tamad digon sâl i'w fyta — dim ond bara llaeth neu lymru. Ac mae'ch cyflog chi'n ddigon bychan — sut mae posib i chi fagu'ch teulu arno fo?'

'A chitha hogia'r siopa a'r gweithfeydd — mae golwg digon drwg arnoch chi hefyd. Tydi'ch mamau ddim yn medru gwneud cyfiawnder â chitha chwaith.'

'Ond ylwch chi hogia,' medda fo. 'Dowch i'r Armi. Joiniwch chi'r Armi efo mi.'

Ac yntau yn ei siwt Cyrnol felly, ac ar gefn ceffyl.

'Mi gewch fwyd iawn yn yr Armi, hogia bach,' medda fo. 'Stêc yn y bore i frecwast, tatws wedi'u rhostio i ginio, te iawn a bwli-bîff i de tua hanner awr wedi pedwar 'ma, a rhyddid wedyn i fynd allan ar ôl saith. Mi fydd raid i chi fod yn ôl erbyn deg, ond os byddwch chi isio mynd ar ôl genod mi gewch *late pass* i aros allan tan un o'r gloch y bore.

'Ac ylwch,' medda fo, 'mi gewch ddwy siwt o ddillad yn yr Armi a dau bâr o sgidia. Mae'ch dillad chi'n edrych yn ddigon gwael yn fan hyn. Ac mi gewch wely gwerth chweil, hogia bach, i gysgu ynddo fo. Fydd dim rhaid i chi weithio dim ond pum awr y dydd — tair awr yn y bore a rhyw ddwy awr yn y pnawn. Nid deunaw awr fel rydach chi'n ei weithio i'r ffarmwrs 'ma.'

Wel, mi ddaeth yn amser i minnau fynd. Ac mi es i a rhyw dri hogyn arall, oedd yn joinio'r un diwrnod â mi yng ngwersyll Litherland, Lerpwl, i chwilio am ein siwtiau ac am ein gwlâu. Mynd i'r stôrs i'w nôl nhw a chael matras a honno cyn ddued â tasai hi wedi bod yn y simna. Roedd hi'n rhy stiff i'w phlygu. Mi aethon ni i orwedd ar ôl *lights out* tua hanner awr wedi deg, a rhyw sgwrsio efo'n gilydd felly mewn lle diarth. Ac wedi bod yno am ryw hanner awr, dyna ddechrau crafu! Mi oedd y gwlâu yn llau byw. A dyna oedd gwely cyfforddus

Yn Nant Gwrtheyrn, yn cofio'r dyddiau fu.

Gyda'r Meddyg Carl Clowes yng Nghanolfan Iaith Nant Gwrtheyrn.

Ithel Davies, y Fonesig Olwen Carey Evans a minnau o flaen cofgolofn Hedd Wyn. (Llun S4C)

Gyda Hannah Jane Williams a Rebecca Williams.

Cyfarfod â'r Frenhines yng Nghastell Powys. Mae Harry yn sefyll y tu ôl i mi.

Yng Nghastell Caernarfon gydag aelodau o'r Ffiwsilwyr Cymreig a'u mascot, ar fy mhen-blwydd yn 101.

Cofgolofn Llithfaen i'r bechgyn a gollwyd yn y ddau Ryfel Byd.
(Llun: Bob Williams)

John Williams Brynsiencyn — gorwedd ar lawr felly ar hen fatras llawn llau, a dwy blancad.

Mi fûm i'n cario'r hen lau yna efo mi drwy'r rhyfel tan nes ces i f'anafu a chael fy ngyrru'n ôl i'r wlad yma.

Hen wersyll mawr digon blêr oedd Litherland. Roedd yno tua thair mil ohonon ni yno i gyd, mewn pedwar Cwmni gwahanol — A, C, E ac F. Yn C *Company* yr oeddwn i. Mi fyddai'r *reveille* yn mynd tua saith y bore i ni godi; wedyn mi fydden ni'n cael brecwast ac yn gwneud ein hunain yn barod i fynd ar parêd ac am drêining drwy'r bore yn y gwersyll. Ambell ddiwrnod, ar ddydd Gwener fel rheol, roedd y Bataliwn yn mynd ar farts o ddeng milltir.

Rydw i'n cofio un noson newydd i mi ddechrau yno. Rhyw bythefnos oed oeddwn i fel sowldiwr, a bachgen o'r Bala a hogyn o Fynytho ac un o Aberdaron ac un arall o Bentreuchaf. A dyna fynd ar parêd i'n dysgu ni i gerdded erbyn y dôi'r brenin, Edward y Seithfed yno i'n gweld ni. Dysgu i ni gerdded a gwneud rhyw siâp mawr — *goose step* ac ati. A phan oedden ni ar y parêd felly dyna ryw hen Sarjant yno. '*Step out*,' medda fo wrtha i. Wyddwn i ar y ddaear be oedd *step out* yr adeg honno, a dyna fo'n gafael ynof i ac yn fy nhynnu i allan. Gafael wedyn mewn un arall ac un arall, a dweud, '*Go and see the Orderly in the Orderly Room.*'

Wyddai'r un ohonon ni be oedd *Orderly Room* chwaith, ond mi aeth â ni yno beth bynnag. A dyma fo'n dweud yn gynta wrth y Sais yma: '*You are on guard tonight from nine o'clock till twelve.*'

'*And you,*' medda fo wrtha innau, '*you are on guard from twelve till three in the morning.*'

'*And you are on guard from three till six,*' medda fo wrth y trydydd.

Wel, wydden ni ar y ddaear i lle'r oedden ni'n mynd, ond mi ddaeth yn amser i'r bachgen cynta fynd ar ei ddiwti, a phan ddaeth hi'n hanner nos dyma'r Sarjant yn fy nôl i i rilîfio hwnnw. I lawr â fi efo fo a cherdded am sbel i lawr nes dod at ryw giatiau mawr. Welwn i ddim byd ond cofgolofnau mawr yno ac mi aeth ryw arswyd mawr drwydda i. Mynwent fawr ddychrynllyd oedd yno. A chawn i ddim dweud un gair wrth yr un roeddwn i'n ei rilîfio, a châi o ddim dweud gair wrtha i. Dim ond '*Dismiss!*' gafodd o, a finnau i'r sentri bocs wedyn yn ei le fo. Mynwent gron oedd hi, ac mi roeddwn i i fod i gerdded o'i hamgylch hi bob chwarter awr. Mi fyddai yna hen dderyn weithia yn sgrechian wrth i mi basio, a hwnnw'n codi dychryn arna i. Mi ddaeth rhyw hen adnod i'm meddwl i — 'Yr utgorn a gân, a'r meirw a gyfodir, a'r rhai a glywant a fyddant fyw.'

Pan ddaeth hi tua ugain munud i dri a bron yn amser i mi roi'r gorau iddi, roeddwn i'n mynd i fyny rhyw godiad tir bychan, a thwrw 'nhraed i ar lawr. Yn sydyn dyna'r sgrech fwya annaearol glywais i erioed. 'Yr Arglwydd,' meddwn i, 'dyna nhw wedi codi i gyd!' Roeddwn i wedi dychryn am fy mywyd; roedd fy nghalon i i lawr yn fy sgidia i.

A beth oedd yno ond ryw hen ful bach yr ochor arall i'r wal. Roedd yr hogia eraill wedi bod yn 'morol rhoi tamaid iddo fo, mae'n debyg, ac roedd o eisiau rhywbeth gen i.

Un o'r rhai y dois i ar eu traws nhw yn y gwersyll yn Litherland oedd Hedd Wyn, Bardd y Gadair Ddu. Roedd o yno ryw bythefnos o 'mlaen i, ac yn mynd oddi yno felly ryw bythefnos o 'mlaen i. Doedd o ddim yn yr un uned â fi — roeddwn i yn y Nawfed Bataliwn ac yntau yn y Pymthegfed. Hen hogyn iawn oedd o — mi fydden ni'n cael sgwrs yn aml iawn ar ôl gorffen trêining. Wyddwn i ddim ei fod o'n fardd na dim byd yr adeg honno — soniodd o ddim gair am y peth. Un distaw iawn oedd o. Chlywech chi byth mohono fo'n dweud gair mawr na dim byd felly. Mi oedd yna hogyn arall o ochrau'r Bala yno; Richard Williams oedd ei enw fo — Dic Williams 79, achos mai 69179 oedd ei rif o. Fy rhif i oedd 69188. Bachgen go dew oedd Dic, â wyneb mawr coch, ac mi roedd o a finnau'n ymuno yr un diwrnod ac yn mynd i mewn i'r gwersyll efo'n gilydd. Roedden ni'n cysgu yn ymyl ein gilydd ac mi oeddwn i'n ffrindia mawr efo fo.

Mi fyddai Hedd Wyn, neu Ellis Humphrey Evans — dyna oedd ei enw iawn o — yn sôn llawer am ei waith fel bugail ar yr Ysgwrn, Trawsfynydd, ac yn dweud hanes dau gi defaid da oedd ganddo fo. Ond hogyn braidd yn wlyb oedd o — yn hoff iawn o fynd am ei lymaid ambell noson i'r cantîn. Rydw i'n cofio inni orfod mynd i'w nôl o odd'no hefyd un noson, fi a Richard Williams. Chawson ni ddim trafferth efo fo chwaith — un tawel, tawel oedd o yn ei ddiod.

Roeddwn i wedi priodi yn 1913, ddwy flynedd cyn ymuno â'r fyddin, a naw swllt yr wythnos oedd fy ngwraig yn ei gael at ei chadw tra byddwn i i ffwrdd. Tri a chwech oedd fy nghyflog innau yn y fyddin. Mi fyddwn i'n arfer mynd i ryw lythyrdy bach wrth ymyl Litherland ar ôl cael fy nhri a chwech a chodi *money order* o ddau swllt a'i yrru o adra i'r wraig yn help iddi hi at ei byw. Dim ond deunaw yr wythnos oedd gen i ar ôl wedyn, a dyma fi'n dweud wrth Hedd Wyn am hyn. Chwerthin wnaeth o. 'Rwyt ti'n ofalus iawn ohoni hi,' medda fo. Mi'i clywais i yntau'n sôn am ei gariad o dro i dro — Siân oedd o'n ei galw hi. Ond chafodd o ddim mynd yn ei ôl ati hi i Drawsfynydd, achos mi gafodd o'i ladd ym mis Gorffennaf 1917 ar Pilkem Ridge.

O wersyll Litherland, roeddwn i i fod i fynd ar ddrafft i'r Eidal. Roeddwn i'n barod i gychwyn a phob dim, ac mi ddaeth y doctor o gwmpas gyda'r nos pan oedden ni ar gychwyn, i roi archwiliad i ni i gyd. A dyma fo ata i. 'Be sy ar dy wyneb di?' medda fo. Roedd chwydd fawr ar fy wyneb i, a'm llygaid i wedi cau. Mi oeddwn i *yn* sâl hefyd. 'Dwyt ti ddim yn mynd,' medda fo, a dyna fo'n galw ar rywun arall i gymryd fy lle i. 'Dos i weld y dentist peth cynta'n y bore,' medda fo. Ac felly y bu hi am naw o'r gloch yn y bore — a chael tynnu tri ar ddeg o 'nannedd efo gefail. Hen fwtsiar o ddeintydd oedd o hefyd, a heb ddim tamaid o ddim byd i rewi'r gyms. Ew, mi oeddwn i'n diodda. Fy ngheg i'n gwaedu a gwaedu, a finnau'n gorfod mynd ar farts o ddeng milltir ac yn gwaedu ar hyd y ffordd.

Beth bynnag, ches i ddim mynd allan i'r Eidal, ond mi ddois i ymhen rhyw bythefnos yn ddigon ffit i fynd ar parêd. Ac un diwrnod dyma nhw'n pigo rhyw ddeugain ohonon ni allan a dweud wrthon ni am wneud ein hunain yn barod i fynd drosodd i Iwerddon. Tua chanol mis Mawrth 1915 oedd hyn. Mynd drosodd o Gaergybi efo stemar bach. Llong fach neis oedd hi hefyd, ac mi aeth drosodd yn reit ddidaro. Roedden ni'n cyrraedd yno tua wyth o'r gloch y nos, a glanio yn Kingstown — Dun Laoghaire erbyn hyn. Mynd o'r fan honno wedyn i Limerick.

Wedi bod yn y gwersyll yn Limerick am sbel, dyma fi'n cael fy nghodi o 'ngwely un noson, tua hanner nos, gan Sarjant. Cymro oedd o, o Bantglas. Tipyn o hen lymbar oedd o hefyd. Roedd o'n flaenor gartra, a fo oedd y rhegwr mwya ar y parêd. 'Cwyd,' medda fo. 'Mae isio i ti ddod efo mi. Dos i'r *cookhouse* am ddiod o sŵp a bydd yn barod i gychwyn tua un o'r gloch y bore.'

Dyma ni'n cychwyn martsio — tri ohonon ni heblaw'r Sarjant — ond wydden ni ddim ar y ddaear i ble'r oedden ni'n mynd. Wedi cerdded am ryw awr a hanner i ddwyawr, dyma stopio mewn pentra bach, gyferbyn â drws rhyw dŷ. Fi oedd yn digwydd bod yn *right hand man* o'r tri.

'*Knock on the door*, Williams,' meddai'r Sarjant, ac mi wnes innau hynny yn reit poleit. Cnocio wedyn yn galetach, ac mi oedd yna olau yn y llofft uwch ein pennau ni. Ar ôl gweld nad oedd yna neb na dim yn mynd i agor y drws, '*Put the bloody butt through,*' medda fo, a dyna fyrstio'r drws felly efo pen mawr y gwn. Mi welen ni hen wraig yn nhop y grisiau, yn gweiddi: 'I be ydach chi'n dod yma i aflonyddu ar bobol onast yn y nos?' Roedd yna hogan bach tua deunaw oed yn sownd yn ei braich hi. A dyna'r Sarjant yn gofyn yn stowt i gyd: 'Ydi de Valera yma?'

'Ydi, mae o'n ei wely,' meddai hithau. A dyna fo'n fy ngyrru innau i fyny i'r llofft ac yntau'n dod ar f'ôl i, a'r ddau arall yn sefyll yn y drws. Dyna lle'r oedd y bachgen yn ei wely. Mi ddywedwyd wrtho fo am godi a gwisgo amdano, ac mi wnaeth y bachgen hynny, a'r Sarjant yn harthio arno fo. Mi roddwyd gefynnau am fy mraich i ac am fraich de Valera, ac i lawr â ni.

Cerdded rhyw wyth milltir wedyn i lawr am wersyll y carcharorion mewn lle o'r enw Ennis; y ddau ohonon ni ar y blaen a'r lleill y tu ôl i ni. A fo oedd yr hen siaradwr noblia a fuodd yn y wlad erioed — yn siarad ar hyd y ffordd i lawr y lôn. Pryderu am ei bobol roedd o, ac am y cyni yr oedden nhw ynddo fo. Roedd o'n sôn tipyn am Gymru — roedden ni'n gyfyrdryd, wrth gwrs, yn gyd-Geltiaid.

Pan gyrhaeddon ni'r carchar dyna fi'n cael fy ngwthio i mewn i'r gell efo fo, yn dal yn sownd yn ei fraich o, ac yno y buon ni'n sgwrsio am tua dwyawr tan saith y bore. Wel, mi oedd o'n hen hogyn iawn! A phan ddaethon nhw i fy nôl i dyna'r hen de Valera yn gafael amdana i ac yn fy ngwasgu i'n sownd. 'O!' meddai o. 'Mi fuaswn i'n licio cael dy weld di eto a chael sgwrs efo chdi.'

'Hwyrach y cawn ni gyfarfod eto,' meddwn innau, ond welais i mohono fo byth wedyn. Mi fu farw ryw bymtheng mlynedd yn ôl.

Mi aethon ni yn ôl i'r camp ar ôl hyn ac i'n gwlâu tan amser cinio. Yn y pnawn roedd rhaid i ni fynd ar parêd, a dyna rywun yn dod ac yn gweiddi bod de Valera wedi dianc o'r camp, ei fod o wedi mynd dros y wal ac wedi diflannu. Wel, dyna'r Cymry i gyd yn gweiddi, '*Up with de Valera, up with de Valera*', dros yr holl le.

Roedd yna hen Fajor yno hefo ni, Major Philgate, ond 'Major Filthy' oedden ni'n ei alw fo. Roedd ganddo fo fwstash mawr i lawr dros ei ên, a golwg fel barcud arno fo. Wel mi wylltiodd hwnnw yn y modd mwya ofnadwy wrth glywed yr hogia i gyd yn troi ac yn gweiddi felly. Doedd dim contrôl ar neb yno.

'*Step out*,' medda fo wrtha i. Roeddwn i ar y llinell flaen, ac roedd o'n gwybod 'mod i wedi bod allan y noson cynt. '*Two men*,' medda fo, a mynd â fi am y clinc gan feddwl efallai 'mod i wedi helpu de Valera i ddianc. Cyn gynted byth ag yr oeddwn i wedi cychwyn rhwng y ddau swyddog, dyna'r bataliwn i gyd, rhyw ddeuddeg cant ohonyn nhw, yn troi *left turn* ac yn cydgerdded efo ni am y clinc, a doedd yna ddim lle i ddal ond rhyw hanner dwsin! Mi fu'n rhaid i'r hen fachgen ildio a begian arnyn nhw i droi'n ôl, a 'ngollwng innau'n rhydd.

Roedd hi'n hen amser difyr iawn y dyddiau hynny yn Iwerddon. Mi gawson ni lawer o hwyl yno. Fûm i ddim mewn sgarmes o gwbwl. Pan na fyddai yna ddim byd arall i'w wneud roedden nhw'n mynd â ni hyd ochrau'r mynyddoedd i gogio saethu. Mi oedd yna hen dyddynnod bach lle'r oedd y Gwyddelod yn byw, a gramoffon mawr gynnyn nhw, a mul bach a'i ben dros y rhagddor a ieir yn pigo hyd lawr yn y tŷ. Mi fydden ninnau'n cael bwyd gynnyn nhw, a sgwrs. Hen bobol neis iawn oedden nhw.

Mi fydden ni'n cael ein galw weithiau pan fyddai yna drwbwl yn codi mewn rhyw bentra neu'i gilydd. Rydw i'n cofio un diwrnod cael ein galw i bentra bach o'r enw Scariff, lle'r oedd ffair fawr neu farchnad yn cael ei chynnal. Mi gafodd tua deugain ohonon ni ein cario yno mewn loris. Roedd hi'n reit dawel yn y stryd yn y bore felly, a rhyw farchnad fawr gron ar ganol y stryd. Mi gafodd tri ohonon ni ein rhoi i sefyll ar groeslon — roedd yna bedair croeslon yn dod i mewn i'r pentra — a phan fyddai'r ffarmwrs yn dod â'u gwartheg a'u defaid ar hyd y ffordd, roedden ni'n eu stopio nhw a dweud nad oedd yna ddim ffair i fod. Rheini wedyn yn fflamio ac yn rhegi am eu bod nhw'n cael eu troi'n ôl, ac roedd rhaid dangos y gwn iddyn nhw.

Tawel iawn fu hi ar y stryd drwy'r dydd wedyn,

ac o'i gweld hi mor dawel dyma'r swyddogion yn dweud wrthon ni am bacio i fyny a'i throi hi'n ôl am Limerick. Ond pan welodd y Gwyddelod ni'n mynd am y transport, dyna ddechrau twrw mawr. Roedd yna hotels mawr yno, rhai tri uchdwr, a dyna nhw'n dechrau gweiddi o'r llofftydd a lluchio brics aton ni — wedi malu brics yn fân i'w taflu, ond roedden nhw'n gofalu nad oedden nhw ddim yn taro neb hefyd, chwarae teg iddyn nhw. A gweiddi: '*You bloody well go home, you English and Welsh. You go home to your own country*!' Roedd yna un hen ddynes yno yn y llofft, yn rhegi ac yn rhwygo, a blows coch amdani hi. 'Dynas blows coch' oedden ni'n ei galw hi am hir.

Dyna ni'n cael ein tynnu'n ôl wedyn o'r transports a chymryd hotel fel canolfan drwy'r nos. Roedd rhaid i ni fynd ar gard wedyn, gan fod yna gyrffiw wedi'i osod o chwech tan chwech, a phwy bynnag welen ni allan rhwng yr amseroedd hynny, roedden ni i'w harestio nhw a mynd â nhw i mewn i'r *head office*. Roeddwn i a ryw Sais wedi cael ordors i gerdded i lawr y lôn tua chwarter milltir a cherdded yn ôl a blaen felly drwy'r nos. Roedd hi'n noson oer a hen asgell eira hyd y ddaear — mis Chwefror oedd hi. Roedden ni dest â rhynnu, ac eisiau bwyd. Roedd yna hen fwthyn bach â'i dalcen allan i'r lôn lle'r oedden ni'n stopio, a ffenest fach, fach ynddo fo. A'r ail noson yr oedden ni yno, dyna'r ffenest yn agor a phlatiaid o fara menyn a'r cryst wedi'u tynnu yn daclus a dau wy wedi'u plicio, yn ymddangos. Wel, roedden ni'n methu gwybod beth i'w wneud rŵan, rhag ofn bod gwenwyn yn y bwyd. A'r peth nesa dyna ddwy gwpanaid o de yn cyrraedd y sil ffenest, a dim posib gweld pwy oedd yno — roedd hi'n dywyll. Beth bynnag, roedden ni mor oer fel y penderfynson ni ei fwyta fo — marw neu beidio — ac yfed y ddwy banad o de — ac ew mi oedd o'n dda! Ar ôl hynny mi fydden ni'n ei gwneud hi am fan'no bob nos ac yn ei gael o bob nos felly am tua tair wythnos. Ac yn y diwedd, dyna hi'n dod allan o'r tŷ. A phwy oedd hi ond yr hen ddynes blows coch oedd wedi bod yn gweiddi arnon ni fynd adra i'n gwlad ein hunain! Mi oedd yr hen Sais yma eisiau ei harestio hi am fod allan cyn chwech y bore, ac mi aeth yn ddrwg rhyngon ni ill dau. Roedd o'n meddwl y basa fo'n cael streip am y peth, mae'n siŵr. Ond chafodd hi mo'i harestio.

Roedd yna hen olwyn trol yn iard yr hotel lle'r oedd y swyddogion yn aros. Ac un noson dyma nhw'n clywed yr ergyd fwya ofnadwy o'r iard, ac mi feddylion bod y *Sinn Féins* yn trio amdanyn nhw. A dyma roi cyrffiw wedyn, a helynt fawr. Beth bynnag, a finnau yn Ffrainc, ymhen rhyw ddwy flynedd neu dair erbyn hyn, roedden ni yn y *base* yn cael panad, a dyma ryw Sais yn dod i mewn ac yn dechrau siarad pymtheg y dwsin. Roedd o yn Iwerddon yr un pryd â fi, ond nad oeddwn i ddim yn ei nabod o bryd hynny.

'Duwcs, mi ges i hwyl un waith yn Scariff,' medda fo. 'Stwffio powdwr gwn i bwsan trol a'i chau hi i fyny a rhoi tân ynddi hi nes oedd 'na ergyd fawr. A'r hen offisars 'na i gyd yn neidio allan ac yn methu dallt be oedd y matar.'

Wel, y munud hwnnw, dyma rai o'r hogia oedd wedi bod yn Iwerddon yn ymosod arno fo, ac mi feddyliais i'n siŵr y buasen nhw'n ei ladd o. Mi'i cafodd o hi'n ddifrifol gynnyn nhw am ei fod o wedi achosi cymaint o styrbans i ni y noson honno. Ac yntau'n ddigon gwirion i ddweud cymaint o hwyl oedd o wedi'i gael, heb feddwl bod neb o Iwerddon yno yn gwrando arno fo.

Mi fûm i yn Iwerddon am wyth mis, ac ar ôl hynny mi gawson ni'n gyrru i faes y frwydr go-iawn, i Ffrainc.

Ffosydd Ffrainc

Croesi o Southampton i Le Havre yn Ffrainc wnaethon ni, a newydd i ni gyrraedd yno dyna gapten y Bataliwn, Capten Williams o Sir Fôn, yn ein stopio ni ar ganol y stryd ac yn neidio i ben hen gasgen gwrw oedd o flaen ryw hotel yn fan'no, a dechrau'n harwain ni i ganu:

> 'O fryniau Caersalem ceir gweled
> Holl daith yr anialwch i gyd;
> Pryd hynny daw troeon yr yrfa
> Yn felys i lanw ein bryd;
> Cawn edrych ar stormydd ac ofnau,
> Ac angau dychrynllyd a'r bedd,
> A ninnau'n ddihangol o'u cyrraedd
> Yn nofio mewn cariad a hedd.'

Ew, dyna deimlad mawr oedd canu felly yn y fan'no.

Roeddwn i wedi sylwi ar ryw oleuadau cochion ym mhob man, bob yn ail adeilad bron, a dyna fi'n holi rhyw hogyn o Sais yn eu cylch nhw, gan feddwl mai wedi gorfod dimio'r goleuadau yr oedden nhw o achos y rhyfel. 'Mi awn ni i mewn i weld be sy 'na,' meddai hwnnw.

I mewn â ni felly i stafell fawr hardd, ac mi oedd yna lawer o filwyr yno'n barod. Grisiau mawr yn mynd i fyny, a choridor mawr hir efo saith neu wyth o *chalets* bach arno fo. A dyna lle'r oeddwn i'n disgwyl unrhyw funud clywed ryw orcestra neu rywbeth yn dechrau canu i'n diddori ni. Disgwyl a disgwyl. Ac ymhen hir a hwyr, dyma ddrysau'r *chalets* yn agor a saith neu wyth o genod yn dod allan. Dyma un yn dod ymlaen a dweud: '*Sorry, no more service till eight o clock*'.

'Arglwydd Mawr!' meddwn innau, ac allan â fi wedi dychryn am fy mywyd. Cofio wedyn be oedd Nhad wedi'i ddweud wrtha i y pnawn cyn i mi gychwyn, a finnau wedi mynd i ffarwelio efo yntau a Mam, efallai am byth. 'Cofia, 'machgen i,' meddai Nhad, 'paid â bod fel pysgodyn marw.'

'Tydw i ddim yn eich dallt chi, Nhad,' meddwn i.

'Wel yli di, mae pysgodyn marw am fynd i ganlyn y lli,' meddai o, 'ond mi fedar pysgodyn byw ymladd ei ffordd drwy'r cenlli.'

Feddyliais i ddim am y peth wedyn — roedd gen i ddigon o betha eraill ar fy meddwl. Ond pan glywais i'r hen hogan yma'n gweiddi '*No more service*', mi ddeallais i. Roeddwn i bron wedi mynd fel pysgodyn marw y noson gynta y dois i yma!

Mi fûm i yn Ffrainc o Dachwedd 1915 tan Ebrill 1918, pan gefais i f'anafu ar Ypres. Uffern o le oedd o. Roeddwn i yn y Nawfed Bataliwn, ac mi gafodd honno ei difetha'n llwyr dair gwaith. '*The Fighting Batallion*' oedden nhw'n ei galw hi ac, yn ôl y sôn, hi oedd y bataliwn futra i fod ynddi hi allan ar faes y frwydr.

A ninnau'n llechu yn y ffosydd yng nghanol brwydr, mi fyddai yna hen lygod mawr, cymaint â chathod ifainc, yn rhedeg yn wyllt ar hyd ein cyrff ni, dest â llwgu. Roedd ganddyn nhw hen flew mawr hir, a golwg ffyrnig ofnadwy arnyn nhw, ac roedd rhai ohonyn nhw'n wyn eu lliw.

Pan fydden ni'n mynd 'dros y top' i'r frwydr mi fyddai yna loris mawr yn dod â *rum,* digonedd ohono fo, i'r bataliwn. Roedd yna ddau fachgen a fyddai'n rhedeg y naill ochor i mi — Tom Davies o Ddyffryn Conwy a Tom Owen o Sir Fôn — y ddau yn rhai gwlybion ofnadwy, fel cath am lefrith. A phan fyddai'r *rum* yn dod i fyny a pheth yn cael ei dywallt i mi ac iddyn nhwythau eu dau, mi fydden nhw'n ei lowcio fo'n syth, a finnau wedyn yn rhoi hanner i hwn a hanner i'r llall. Fyddwn i byth yn ei gyffwrdd o. Mi fuaswn i wedi cael fy nghosbi tasen nhw wedi fy ngweld i'n peidio'i yfed o, ond wnes i ddim erioed.

Wedyn, i ddisgwyl i'r hogia wallgofi digon cyn mynd dros y top mi fyddai'r hen Fajor Philgate yn rhoi gwersi i ni beth oedd eisiau inni'i wneud:

'Put the bloody bayonet in his belly! Put it in his chest! Put it in his groin! Make sure! It's your enemy, it's your enemy!'

Ac un tro, dyna ryw fachgen bach o Sais yn camu allan a gofyn gâi o siarad efo fo.

'*Speak up!*' meddai hwnnw.

'Sut medra i alw'r Jyrman yn elyn?' medda fo.

'Dydw i 'rioed wedi'i weld o, dydw i 'rioed wedi bod yn siarad efo fo a fuodd ynta 'rioed yn siarad efo mi, felly sut medar ynta fy ngalw innau'n elyn?'

Wel, mi wylltiodd y Major wedyn. '*Two men*!' medda fo, a mynd â fo o'r golwg i rywle. A beth wnaethon nhw efo fo ond ei roi o'n sownd ar olwyn transport, ei rwymo fo felly gerfydd ei ddwy law a'i draed, a mwgwd am ei wyneb o, a *shooting squad* o ddeuddeg yn tanio arno fo. Ei ridyllio fo felly am ddweud nad oedd y Jyrman ddim yn elyn iddo fo.

Ond y gwir oedd nad oedd gynnon ni ddim syniad am beth roedden ni'n cwffio. Y bobol fawr oedd yn gwybod hynny. Doedden ni'n gwybod un dim; dim ond ein bod ni'n ymladd drostyn nhw.

Rydw i'n cofio un profiad rhyfedd iawn ges i yn Ffrainc. Mi fydden ni'n mynd drosodd i *No man's land* i weld oedd yno rywun yn diodda wedi'i glwyfo; ac mi fyddai yna ddigonedd hefyd, weithiau'n gorwedd yno am ddiwrnodiau dan eu clwyfau cyn marw.

Roedden ni'n gorfod mynd ar ein boliau yng nghanol y mwd a'r baw i chwilio amdanyn nhw a'r bwledi, y *whizz bangs* yn disgyn o'n cwmpas ni. Un diwrnod mi ddois i a ryw Sais ar draws un hogyn yn gorwedd ar ei wyneb. Dyma ni'n ei droi o drosodd. '*Dead*,' meddai'r Sais. Ond meddai'r hogyn: 'O, oes 'na Gymro yma?'

'Oes,' meddwn innnau, 'Rwyt ti'n ol-reit.'

Ei lusgo fo wedyn ar ein boliau am ryw ddeg llath ar hugain i ddiogelwch. Roedd ei goluddion o allan fel cwpan de. 'O hogia bach,' medda fo, 'Os ca i fyw i fynd o fan'ma, mi a' i i ddeud am Iesu Grist tra bydda i byw.'

Welais i mo'r bachgen wedyn tra bûm i yn Ffrainc. Ryw bythefnos yn ddiweddarach mi ges innau fy nghlwyfo a chael fy ngyrru yn ôl i'r wlad yma, ac mi fûm yn yr ysbyty yng Nghaer. Wedyn mi gefais i fy ngyrru i le *convalescence* yn Wrecsam. Ac un noson, roeddwn i'n cerdded ar y stryd yn Wrecsam ar fy mhen fy hun pan welais i ddyn yn dod i 'nghyfarfod i a ffon fach fel procer ganddo fo ac yn cerdded yn ddrwg, ar ei ochr braidd. Mi stopiais i siarad efo fo ac mi'i gwelwn o yn sbio ac yn syllu arna i.   'Dwi'n ych nabod chi,' medda fo.

'Nac ydach wir,' meddwn innau.

'Ydw,' medda fo, 'Yn lle'r oeddach chi?'

Finnau'n dweud wrtho mai ar Ypres yr oeddwn i.

'Fuoch chi drosodd yn *No man's land* yn pigo rhai i fyny?'

'Do, droeon,' meddwn innau.

'Ydach chi ddim yn cofio fy mhigo i i fyny yno, a finnau'n deud yr awn i i bregethu am Iesu Grist?'

'Duw, nid chi oedd hwnnw?' meddwn innau.

'Ia,' meddai yntau.

A fo oedd o hefyd. J. R. Richards oedd ei enw fo, o'r Friog yn ymyl y Bermo.

Beth bynnag, ymhen rhyw chwe blynedd, roedd y wraig a finnau yn y capel ar bnawn Sul, a'r pregethwr tal, tew yma yn y pulpud. Cyn gynted ag yr es i i eistedd mi ddechreuodd o sbio arna i, ac mi oedd o'n sbio arna i o hyd drwy'r oedfa. Roedd y wraig a finnau'n mynd yn reit annifyr ac yn methu dallt be oedd y matar. Beth bynnag, ar y diwedd ar ôl gweiddi'r 'Amen' dyna fo'n brysio aton ni i lawr y grisiau. 'Dwi'n eich nabod chi'n iawn,' medda fo. 'Ydach chi ddim yn ein cofio ni yn *No man's land*?'

'Nid J. R. ydach chi?' meddwn innau.

'Ia,' medda fo.

Roedd o'n weinidog yn Aber-erch wrth ein hymyl ni yn fan'no, a finnau ddim yn gwybod. Ond mi fyddai'n dod yma yn aml o hynny allan, ac wedyn yn ystod y blynyddoedd y bu o'n weinidog ym Mrynaerau. Pregethwr da iawn oedd o hefyd, ac wedi cadw'r addewid wnaeth o yn fan'no yn *No man's land*, ac yntau wedi'i glwyfo mor ofnadwy.

Yr unfed ar bymtheg o Ebrill, 1918, oedd hi pan ges i fy nharo. Rydw i'n cofio'n iawn y bore hwnnw wrth fynd drosodd, a rhyw Sais bach wrth fy ochr i yn dweud, '*K.L.U. Taff — Keep Look Up. And T.I.H. — Trust In Him*,' a mynd drosodd felly ein dau. Ac mi ddaeth o'n ei ôl hefyd. Ond dim ond tri deg a chwech o'r bataliwn ddaeth yn ôl yn fyw y diwrnod hwnnw, ac mi gollason ni bedwar cant o'r hogia. Wedyn, yn hwyrach yn y dydd dyma ryw Fajor, Major Watkins oedd ei enw fo, yn dod aton ni a dweud ein bod ni'n cael mynd i'r *base* am ddeg diwrnod a bod y Scotsmyn yn cymryd ein lle ni.

Ar ôl hynny dyna'r swyddog yn rhoi gorchymyn i mi ac un arall i fynd i chwilio am bost newydd i'r

Jocs erbyn y deuen nhw. Mi aethon ni draw felly efo fo, a mynd reit i bost Jyrman — roedden nhw mor agos â hynny i ni a ninnau ddim yn gwybod. Ac mi saethwyd un o'r rhai oedd efo fi yn ei ben a'i ladd yn y fan. Dyna'r hen foi arall oedd efo mi, y Sarjant mawr, yn hitio'r ddau sowldiwr Jyrman yn eu pennau efo byt y gwn nes oedd y ddau ar lawr, a ninnau'n dengid oddi yno dan gario'r creadur bach arall efo ni, a rhoi rhyw chwe modfedd o bridd arno fo cyn mynd i lawr.

Mi ffeindiodd y Jeri bod yna newid yn digwydd, a chyn i'r Scotsmyn gael eu traed danyn, roedden nhw wedi manteisio ac wedi ymosod arnyn nhw cyn iddyn nhw gael siawns o gwbwl, ac yn dod i lawr ar ein holau ninnau drwyddyn nhw. Ninnau'n eu gweld nhw felly tua phump o'r gloch y bore a'u beionets yn sgleinio yn yr awyr. Doedd gynnon ni ddim amddiffynfa o gwbwl. Mi gawson ni orchymyn i '*stand to*' i ymladd, ond roedden ni allan o ordor yn gyfan gwbwl ar ôl cerdded i lawr y mynydd am amser mawr. Roeddwn i'n digwydd bod ar *Lewis Guns* y bore hwnnw. Roedd yna dri ohonon ni — Tom Owen o Fodorgan yn nymbar wan a Tom Davies yn nymbar tŵ a finnau'n nymbar thri.

'Farwa i byth,' meddai Tom Owen, 'neu mi faswn i wedi clywed rhywbeth bellach.'

A dechrau tanio — rat-tat, *sixty rounds a minute*. A chyn pen hir dyna fo'n cael shot yn ei dalcen nes oedd ei gap o'n codi oddi ar ei ben o.

Cael gorchymyn wedyn i bawb wneud drosto'i

hun fel y medrai o. Doedd yna ddim byd arall i'w wneud ond hynny. Roedd y *shells* yn disgyn rhyw ddecllath y tu ôl i ni, ac mi'i cefais i hi'n ddychrynllyd yng nghefn fy nghoesa a 'nhraed wrth i'r *shrapnels* fynd iddyn nhw.

A hithau rhwng tywyll a golau a ninnau'n rhuthro felly, mi aeth yna griw mawr ohonon ni i'r weiren bigog ac yn sownd yn honno. Roeddwn i'n dal fy mraich i fyny wrth drio dod yn rhydd a dyma fi'n clywed rhywbeth yn pigo fy llaw. Mi feddyliais i mai weiren oedd hi, ond beth oedd hi ond bwled wedi mynd heibio fy mhen i ac wedi gwneud twll reit trwy fy llaw i, a hwnnw'n boeth, ond doedd o ddim yn gwaedu o gwbwl chwaith, achos ei bod hi'n shot mor agos. Trio mynd oddi yno rywsut wedyn, ac mi fedrais i dynnu fy nhiwnic a thaflu'r cwbwl ond y gwn a'r het a llwyddo i fynd oddi yno. Roedd yna hen goed mawr praff, tewion; a mynd am y rheini wnes i fel y medrwn i. Roedd fy sgidia a'm sana i wedi bod ar fy nhraed i am saith wythnos heb eu tynnu. Roedd hi'n fore dydd Mawrth ac roedden ni wedi bod heb damaid i'w fwyta na'i yfed, na smôc, oddi ar fore dydd Gwener.

Swatio yn y coed pan fyddai yna danio mawr; wedyn pan fyddai yna fymryn bach o slac, trio mynd am goeden arall nes dois i i'r lôn bost. Roedd yna lori yn pasio a'i llond hi o hogia, a dyna fi'n gofyn iddyn nhw lle'r oedd y *dressing station* nesa.

'Hanner awr o gerdded,' meddai un o'r hogia. Hanner awr o gerdded, a finnau wedi mynd bron na fedrwn i ddim symud — roeddwn i yn y ffos bob yn ail ag ar fy nhraed. Fedrwn i ddim mynd ddim mwy na rhyw ddecllath ar y tro heb stopio. Mi gymerodd hi chwe awr i mi gyrraedd y *dressing station*. Ond cyn i mi gyrraedd y lle, mi ddois i ar draws tŷ bach to gwellt ar y ffordd, a hen wraig yn eistedd yn y drws ar gadair yn gwnïo neu'n gweu neu rywbeth, a dwy hogan fach wrth ei hymyl hi. Fedrwn i ddim siarad efo nhw, wrth gwrs — Ffrancod oedden nhw. Dyna nhw â fi i'r tŷ a gwneud i mi eistedd ar gadair, a finnau'n mynd yn farw gelain yn fan'no. A'r hogan fach yma'n pwyso fy mhen i i lawr rhwng fy nhraed i, ac mi ddeffrois i a dod yn ôl. Dod â diod i mi wedyn, a chlywais i erioed well diod na fo. Roeddwn i wedi bod am bedwar diwrnod heb brofi tamaid o fwyd na diod dros fy ngheg.

Trio rhoi ar ddallt i'r hen wraig wedyn i ddangos 'mod i eisiau mynd i'r *dressing station*. Dyma hi'n gwneud rhyw arwyddion nes y gwnes i ddeall bod eisiau troi i'r chwith ac wedyn troi i'r dde — ac mi gefais i hyd i'r lle hefyd yn y diwedd. Mi wnaethon nhw rywbeth i'm llaw i, ond wnaethon nhw ddim cyffwrdd fy nhraed i. Mi ges damaid o bwli-bîff i'w fwyta, a chael fy ngyrru oddi yno wedyn i Provence a'm rhoi ar hen dryc gwartheg i fynd â fi i lawr i Boulogne. Mi gefais i driniaeth yn fan'no. Dyna nhw'n tynnu amdana i — pobol dduon oedden nhw — a thynnu fy sgidia a'm sana i. Mi oedd fy nau sawdl i yn dod i ffwrdd fel hanner coron — y cnawd wedi madru ar ôl bod am saith wythnos heb dynnu esgid na hosan. Fy rhoi i dan *shower* fawr wedyn a dweud wrtha i am gau fy llygaid a chau fy ngheg yn sownd. Tywallt rhyw stwff wedyn ar fy mhen i ac i lawr fy nghorff i. Wel, mi oedd o'n brifo ac yn llosgi, bobol bach! Peth i ladd y llau oedd o wrth gwrs, ac ar ôl bod odano fo roeddwn i'n swigod byw drosof, a llawer o'r hogia eraill yr un fath â fi. Mi gefais ymgeleddu fy nhraed wedyn — mae'r marciau arnyn nhw hyd heddiw. Ac o, mi roeddwn i'n falch o gael mynd i 'ngwely'r noson honno, a finnau heb weld gwely ers tua dau fis.

Mi fûm i yn y lle yma am dridiau, ac ar ôl hynny dyma'r doctor yn dod rownd ac yn dweud, '*You're for Blighty*', sef y wlad yma. Mynd drosodd wedyn a glanio yn Southampton, lle'r oedd yna drên ysbyty fawr yn ein disgwyl ni. Ac yn y fan honno y dechreuodd fy llaw i waedu, wedi bod am dridiau heb wneud. Mi ofynnais i i un o'r nyrsys i ble'r oedd y trên yn mynd. 'O, mae 'na un darn ohoni hi'n mynd i Leeds,' meddai hi, 'ac mae 'na ddarn arall yn mynd i Gaer.'

Dyna lle'r oeddwn i wedyn yn gweddïo am gael mynd i Gaer, yn nes i Gymru. Ac yn ffodus iawn, mi ges i fynd hefyd. Gadael iddyn nhw wybod adra lle'r oeddwn i wedyn — wydden nhw'r un dim o fy hanes i, wrth gwrs. Roeddwn i wedi gwneud rhyw lythyr bach efo llaw chwith i'w yrru iddyn nhw, gan feddwl y buasai o'n cyrraedd o flaen y *field card*, ond hwnnw gawson nhw gynta ac '*injured*' arno fo, ond heb ddweud faint oeddwn i wedi f'anafu na lle'r oeddwn i na dim. Mi gyrhaeddodd fy llythyr innau ryw ddau ddiwrnod ar ei ôl o, ac mi ddaethon nhw ar eu hunion wedyn i edrych amdana i yng Nghaer — y wraig a Mam.

Mi fûm yn yr ysbyty wedyn am naw mis, ac o'r diwedd mi gefais ddod adra. Teimlad braf ofnadwy oedd o mewn un ffordd, ond teimlad ofnadwy 'run pryd.

Ar y garreg goffa yn Llithfaen mae yna enwau chwech o fechgyn a gollwyd yn y Rhyfel Cynta a phedwar yn yr Ail Ryfel. Hen hogia oedd yn yr ysgol efo mi oedd rhai ohonyn nhw, ac roedd un yn gefnder i mi.

Mi ddigwyddodd newid mawr iawn ar ôl y Rhyfel, a fu pethau byth cweit 'run fath wedyn. Yn un peth, mi ddirywiodd crefydd yn arw, oherwydd bod llawer wedi caledu ar ôl colli tad neu frawd neu blentyn.

Mi gyrhaeddais i adra'n saff ar ddiwrnod y Cadoediad, ond mi adewais i filoedd ar filoedd o hogia yno yn Ffrainc, yn farw yn *No Man's Land*.

Chwareli Carreg y Llam a'r Nant

Yn ôl i'r chwarel yr es i ar ôl dychwelyd o'r Rhyfel, ac yno y bûm i'n gweithio wedyn nes imi ymddeol. Mi fûm yn y chwarel am hanner cant a phump o flynyddoedd ac yn oruchwyliwr cyffredinol am hanner can mlynedd yng Ngharreg y Llam, gan redeg chwarel y Nant ar yr un pryd am ddeng mlynedd.

Roedd Ann a finnau wedi priodi yn 1913. Ar ôl priodi, mi fuom yn byw yn Isallt am flynyddoedd yn cynilo ar gyfer adeiladu tŷ i ni'n hunain. Ymhen deunaw mlynedd y llwyddwyd i wneud hynny. Roedden ni wedi penderfynu o'r dechrau y bydden ni'n gwneud 'heb anwybyddu dy fol na dy wisg'. Mi alwyd y tŷ newydd yn 'Rowenfa' i gofio mai o Ro-wen y dôi teulu fy nhad. Dafydd Saer Maen o Rosfawr a gododd y waliau a John Parry, Glan Don wnaeth y gwaith coed. Griffith Jones, Bryn 'Raur, Morfa Nefyn, fu'n toi ac yn plastro. Mi fyddai Ann yn mynd i'r banc i Nefyn i nôl tair a chweugain yn wythnosol i dalu cyflogau. Mi gawson ni dipyn o hwyl pan anghofiwyd rhoi ffenest yn y talcen, ond fe roddwyd un wedyn.

Fe anwyd dwy ferch i ni — efeilliaid. Mi fuasai un ohonyn nhw, yn mynd i mewn i jwg chwart yn hawdd pan anwyd hi. Doedd hi ddim yn pwyso tri phwys. Roedd yr hogan arall tua saith i wyth bwys, ond mi fu farw yn rhyw wyth diwrnod oed. Ond mi fywiodd Gracie drwy'r cwbwl. Mi gawson ni drafferth ofnadwy efo hi hefyd — gorfod ei chadw hi mewn basged wellt wedi'i lapio mewn wadin am wythnosau. Roedd ei nain hi — mam y wraig — yn dod i lawr bob dydd, a beth wnaeth hi un diwrnod ond dweud wrth Ann y wraig: 'Yli, 'dwi am godi'r hogan 'ma — tydi hi'n cynyddu dim yn fan'na. Rydw i am ei chodi hi a chwilio am ei dillad hi a gwisgo amdani.'

Pan ddaeth y doctor i'w gweld hi nesa mi welai o bod yr hogan fach yn altro. 'Be 'dach chi'n roi iddi hi 'dwch?' medda fo.

'Wel, pob dim ond be wyt ti'n ddeud wrtha i!' meddai Nain.

Pan oeddwn i mewn tipyn o awdurdod tua Charreg y Llam roedd yna griw o fechgyn ifainc direidus ar y naw — Walter Hugh, Jac Vic, Adam, Dafydd Baum a rhyw bedwar o Bwllheli. Coeliwch fi, roedd yna waith cadw trefn arnyn nhw, ond roedden nhw'n hen hogia clên iawn bob un. Roedd yna dri gŵr mewn oed a lwyddai i gael dylanwad rhyfeddol arnyn nhw. William Griffith, Bryn Dirwest, oedd un a gâi effaith arnyn nhw, yn arbennig yn y tŷ byta. Mi fyddai gan yr hogia dwrw trybeilig yn fan'no, a'r iaith yn o gry yn aml. Ond pan ddôi William Griffith i mewn am ei damaid roedd y lle'n mynd yn hollol dawel.

Un arall a chanddo fo ddylanwad ar yr hogia oedd Nhad, a phan fyddai o'n edrych arnyn nhw mi fydden nhw'n toddi fel menyn. Os cawn i dipyn o drwbwl gan un o'r criw mi fyddai Nhad yn mynd ato fo, cael sgwrs dawel ag o, a dyna'r storom drosodd.

Mi fyddai edrychiad Robert Jones, Minffordd, Pistyll, yn ddigon i yrru'r hogia'n fud. Rydw i'n cofio un tro i Walter Hugh roi help i Robert Jones i gario rêl tuag ugain troedfedd o hyd ar hyd y bonc. Rhywsut neu'i gilydd mi anafwyd ei ysgwydd, a dyna ddam allan dan y boen. Wedi cyrraedd pen y daith dyma Robert Jones yn gofyn i Walter:

'Efo pwy oeddat ti'n siarad rŵan? Roeddat ti'n siarad efo hen gono garw. Cael y llaw ucha arnat ti ddaru o, yntê!'

Ddeudodd Walter ddim byd ar y pryd, ond mi aeth yn ôl ymhen sbel at Robert Jones i ymddiheuro a gofyn iddo faddau iddo fo ar yr amod na chlywai o byth beth felly wedyn ganddo fo. Gwenu'n fwyn wnaeth Robert Jones.

Dyn rhyfedd oedd Mr Williams y Person. Fyddai o byth yn gwisgo amdano'n iawn, ac mi fyddai ei drowsus o yn mynd i'r Eglwys fore Sul wedi rhwygo ar ei hyd, a rhyw ddwy neu dair *safety pin* yn ei ddal o. Ond mi fyddai ei sgidia o wedi'u blacledio.

Roedd o'n byw yn Nhŷ'n Garrreg, a cheffyl a char bach ganddo fo i fynd a dŵad. Un noson dyna'r hen hogia — Dafydd Cilia a Bob Gwyniasa ac ati — yn mynd â'r hen gar oddi yno i rywla. Mi fu chwilio mawr amdano fo — mewn rhyw hen lynnoedd dŵr ac ati, ond mi fu'r car ar goll am flynyddoedd a neb yn gwybod lle'r oedd o wedi mynd. Yr un noson ag yr aethon nhw â'r car dyna'r hogia yn rhwymo hen olwyn trol wrth gloch yr eglwys i wneud twrw mawr, a rhedeg i ffwrdd.

Flynyddoedd yn ddiweddarach roeddwn i'n fforman yn Chwarel Carreg y Llam. Ac un diwrnod dyma ffarmwr Pistyll Ffarm yn dod i'r gwaith a gofyn i mi fuasai o'n cael menthyg creigiwr gen i i fynd i lawr ar raff at ddafad oedd ganddo fo oedd yn rhy wan i symud, wedi bod yn sownd ers diwrnodiau. Mi fyddai defaid yn mynd i drafferthion yng nghanol y creigiau — yn mynd ar ôl tamaid glas mewn lle anghysbell ac yn methu dod odd'no.

Mi euthum i ac un arall efo'r ffarmwr, a fi aeth i lawr ar y rhaff — am tua deugain troedfedd mae'n siŵr. A beth welwn i wrth fynd i lawr ond olwyn hen gar y Person! Roedd yr hogia wedi mynd â'r car, mae'n rhaid, i ben yr hen graig fawr yn fan'no ac wedi'i daflu o i'r môr. Ond mi oedd un olwyn wedi sefyll ar ryw hen step. Dim ond y both a'r sbôcs oedd ar ôl, 'roedd wedi colli'r cylch. Wnes i ddim dweud wrth neb ond wrth yr hogia, er bod yr hen Berson wedi marw erbyn hynny.

Mae yna sawl llongddrylliad wedi digwydd ar hyd arfordir Llŷn yma ar hyd y blynyddoedd, a llawer o fywydau wedi'u colli hefyd. Rydw i'n cofio un noson yn 1921, a hithau'n storom ddychrynllyd o'r gogledd-orllewin. Roedd yna long fach a phump o griw arni hi mewn trafferthion garw. Roedden ni'n ei gweld hi allan ar y môr yn cael ei thaflu a'i thaflu, a'r môr wedi'i threchu hi. Mi laniodd yn Ninas Dinlle ar y tywod ac mi aeth bad achub o Landdwyn allan ati — cwch rhwyfo a phedwar o seiri meini yn griw. Mi neidiodd un dyn allan o'r llong i'r môr gan feddwl nofio i'r lan, ond mi foddodd. Aros yn y llong ddaru'r lleill. Ond wnaeth y cwch ddim cyrraedd y llong; mi aeth i lawr ac mi foddwyd y pedwar saer maen. Mi ddaeth cyrff tri ohonyn nhw i'r lan yma fore drannoeth, a'r llall o dan Lanaelhaearn. Roedd eu dwy droedfeddi nhw ym mhocedi eu trowsusau o hyd — roedden nhw wedi mynd ar eu hunion o'u gwaith adeiladu i'r bad achub i drio achub y bobol oedd ar y llong. Mi ddaethpwyd â'r llong oddi yno yn saff ac mi aed â hi rownd i Bwllheli. Roedden nhw wedi penderfynu ei gyrru hi i Antwerp neu rywle i'w malu a'i sgrapio, ond yn methu cael neb i fynd â hi. Ond mi ddywedodd rhyw hen gapten y buasai o'n mynd â hi tae o'n cael rhyw ddau neu dri i ddod hefo fo. Dyma nhw'n cychwyn o harbwr Pwllheli un gyda'r nos yn yr haf, ond dim ond rhyw bedair milltir oedden nhw wedi'i deithio cyn i'r llong fynd ar graig a suddo. Ac yno y mae hi o hyd, am wn i.

Yn ôl yn y tridegau fe ddefnyddid ceffylau yng Ngharreg y Llam am gyfnod o chwe blynedd i dynnu tryciau oddi wrth y malwr. Un ferlen a dwy gaseg o'r Ciliau a wnâi'r gwaith. Wil oedd enw'r gaseg wen a Bute oedd yr un ddu.

Roedd hi'n arferiad cyflogi rhagor o ddynion o fis Ebrill tan fis Medi gan fod galw mawr am *chippings* gan gwmni o Lundain. Un flwyddyn mi werthwyd can mil o dunelli iddyn nhw. Fe aed â llwythi hefyd i Summerfield, Lerpwl.

Tair damwain angheuol welais i tra bûm i yn y chwarel. Mi ddigwyddodd un tua blwyddyn, efallai, ar ôl agor y Gwaith. Yn Llithfaen roedd yna gwt sinc lle byddai'r hen John Parry, y gwerthwr sgidia, yn aros pan ddôi o i'r pentra. Mi fyddai o'n aros am noson neu ddwy — y ceffyl yn un pen i'r cwt a'r sgidia yn y pen arall. Fodd bynnag, mi symudwyd y cwt a'i godi yn y Gwaith. Un nos Wener, wedi noswyl, dyma William Jones, gof o Edern, yn mynd allan o'r cwt, ac mi syrthiodd ar y llwybr cul a disgyn i lawr tua chan troedfedd o ddibyn. Mi aed i chwilio amdano fo a'i gael o yn y gwaelod wedi marw.

Mi laddwyd y ddau arall, R. Williams, Bwlchgwynt, Pistyll, a Bob Llannor, flynyddoedd yn ddiweddarach yn y felin. Ond mi fuon ni'n ffodus iawn yn y gwaith gan na ddigwyddodd fawr ddim damweiniau ar y graig ei hun.

Mi gefais innau ddamwain fy hun yno un waith. Nos Sadwrn yn Ionawr 1949 oedd hi, a hithau'n brigo'n oer. Roedden ni'n llwytho'r stemar *Kylebute*, a'r hen lanfa — y stêj — yn ysgwyd. Mi euthum i i'r llong i seinio rhyw bapurau ac ati i'r capten, ac wrth drio camu oddi ar y llong beth wnes i ond colli 'nhroed a mynd i lawr ar fy mhen i'r dŵr rhwng y llong a'r lanfa. Mi drewais i yn erbyn ochor y llong wrth fynd i lawr a throi rownd nes oeddwn i'n taro'r gwaelod efo 'nhraed. Mi glywais fy hun yn taro'r gwaelod — dwy droedfedd ar hugain o ddŵr — a dyma fi i fyny fel powltan a llwyddo i gael gafael ar goed y stêj. A dyma ryw hen foi o Wyddel yn neidio i lawr ar f'ôl i. Roedd o'n ddyn mawr tal a chry, a dyna lle'r oedd o'n chwilio amdana i yn y dŵr. Pan ges i fy ngwynt ata, '*I'm here*,' medda fi, ac mi afaelodd yng ngwar fy nghôt i a 'nhynnu i i fyny fel 'tae o'n arth yn gafael mewn cath fach. Mi gafodd o wats aur am achub fy mywyd i, ond mi wnaeth o ei gwerthu hi i gael diod cyn pen dim.

Roeddwn i wedi torri tair o asennau wrth syrthio, ond roedd hi'n lwcus 'mod i wedi troi yn y dŵr. Petawn i wedi deifio o dan y llong neu'r lanfa, mi fyddai wedi darfod arna i.

Yn y flwyddyn 1946 fe wnaed ffordd i'r gwaith ac mi fu hon yn llwyddiannus iawn. Mi ddechreuwyd cario hefo lorïau ar hyd y wlad. Roedd gan y gwaith lori yn cael ei dreifio gan Ted Evans o Lithfaen. Mi fyddai'n cario i'r Cyngor o gyfeiriad Aberdaron neu Feddgelert, ac fe fyddai lorïau eraill yn cael eu llogi o Borthmadog ac o Nefyn. Mi aed â miloedd o dunelli o'r domen wast oedd wedi bod yn sefyll am flynyddoedd. Fel hyn fe'i cliriwyd hi'n llwyr. Mi gariwyd cerrig bras hefyd, tua tunnell yr un o bwysa, i'r glannau moroedd yng ngogledd Llŷn i amddiffyn yr arfordir.

Wedi bod yng Nharreg y Llam am 51 o flynyddoedd, mi rois i'r gorau iddi yn 71 oed. Roedd Mr Frazer, y Cyfarwyddwr, yn pwyso arna i i aros tipyn mwy gan fy mod i'n bur iach ac yn gallu mynd o gwmpas yn weddol dda. Ond y wraig a orfu: roedd hi am i mi orffen flynyddoedd ynghynt. Roeddwn i'n teimlo chwithdod garw yn yr haf cynta, ond erbyn y gaea roeddwn i'n ei gweld hi'n braf cael aros gartra.

Ychydig iawn yn hwy na hynny y parodd y chwarel i weithio. Roedd yno greigwyr newydd ac yn lle tynnu'r graig efo'r graen roedden nhw yn ei dragio ar draws pen a chlustiau a defnyddio deinameit yn lle powdur du mân. Diffyg profiad y creigwyr newydd oedd yn gyfrifol, ac mi aeth yr hen felin i ddiodda oherwydd diffyg rhywbeth i'w gnoi. Mi sylweddolodd y cwmni hyn yn fuan, ac mi gaewyd y chwarel.

Dal i fynd!

Dyma fi erbyn hyn yn ganrif ac un flwydd oed, ac yn gobeithio cael cyrraedd cant a dau ym mis Mehefin, os ca i fyw. Cymryd pob diwrnod fel y daw o y bydda i erbyn hyn, heb byth edrych am yfory. Ac mi fydda i yn meddwl ei fod O wedi gofalu'n dda amdana i ar hyd fy oes.

Rydw i wedi bod yn reit iach ar hyd fy oes, er 'mod i wedi mynd trwy bethau mawr adeg y Rhyfel Gyntaf ac wedi gweithio'n galed wedyn yn y chwarel. Rydw i wedi colli llawer o anwyliaid hefyd dros y blynyddoedd — colli dwy wraig, colli merch, colli mam, colli tad, colli brawd, colli chwaer a cholli teuluoedd.

Roedd fy chwaer, Catrin Elin, yn 91 pan fu hi farw ryw dair blynedd yn ôl, ac mae John fy mrawd, oedd yn byw yn Nefyn, wedi marw ers tua deng mlynedd. Roedd o'n ieuengach na mi o dair blynedd a'm chwaer yn ieuengach o saith mlynedd. Un ferch oedd gen i, Gracie, ac mi fuodd hi farw yn 1987. Rydw i wedi colli fy ail wraig ers un mlynedd ar hugain, o gansar.

Rydw i'n reit dda fy iechyd o hyd, er bod fy ngolwg i wedi mynd yn bur ddrwg ers tro rŵan. Mi dorrais i 'nghoes ryw dair blynedd yn ôl ar y stryd ym Mhwllheli. Mae'r asgwrn wedi mendio'n iawn ond mae'r godwm wedi effeithio ar fy mhen-glin i.

Mi fydda i'n mynd ar y bws i Bwllheli at Harry fy ŵyr sawl gwaith yr wythnos. Mae Harry yn cadw caffi Pantri Pen Llŷn ar y Maes yn y dre. Rydw i'n dal i fynd i'r capel bob Sul hefyd, a chyfeillion i mi yn gafael bob ochr yn fy mreichiau rhag i mi syrthio. Mae pawb yn garedig iawn wrtha i yn Llithfaen yma, a'r merched yn arbennig yn gymwynasgar ofnadwy. Prawf o hyn oedd y parti wnaethon nhw ei drefnu i mi i ddathlu fy mhen-blwydd yn gant oed.

Mae pentra Llithfaen wedi newid yn arw iawn yn ystod fy oes i. Mae yna fwy o dai yma heddiw yn un peth. Rydw i'n cofio'r lle yn llai o'r hanner nag ydi o heddiw, ond mae llawer o adeiladu wedi bod yma dros y blynyddoedd. Hefyd, mae yna lawer o bobol ddiarth — Saeson — wedi dod yma i fyw, ac mae yna nifer o bobol nad ydw i'n eu nabod yma erbyn hyn. Ond rhaid i mi ddweud fod pawb, yn Gymry a Saeson, yn ffeind ac yn gymwynasgar iawn yma.

Ymhen sbel ar ôl fy mhen-blwydd yn gant mi ges i fy ngwadd gan Lady Olwen Carey Evans, merch Lloyd George, i gael cinio efo hi mewn gwesty yng Nhricieth a mynd wedyn i Drawsfynydd i weld cofgolofn Hedd Wyn. Roedd Ithel Davies, o Aberystwyth, fu yn y carchar fel gwrthwynebydd cydwybodol, yno hefyd, ac roedden ni i gyd ym cymryd rhan yn rhaglen y Dr John Davies, Aberystwyth, 'Y Rhwyg', a gafodd ei dangos ar

S4C. Mae'r ddau, Lady Olwen ac Ithel Davies, wedi marw erbyn hyn.

Rydw i hefyd wedi bod ar y rhaglen 'Hel Straeon' efo Gwyn Llewelyn amryw o weithiau, ac wedi bod yn siarad efo Hywel Gwynfryn ar y radio.

Fi ydi'r hyna ym Mhrydain sy'n perthyn i'r Ffiwsilwyr Cymreig — y *Royal Welch Fusiliers* erbyn hyn. Oherwydd hyn, dyma fi'n cael gair fy mod i i fynd o flaen y Frenhines. Wel, argoledig, roeddwn i wedi dychryn am fy mywyd! I Gastell Powys yr oeddwn i i fod i fynd, ac mi aeth Harry a finnau yno a chael croeso ardderchog. Mi roedd y *Royal Welch Fusiliers* yno a'r bwch gafr, sef y mascot, a'r band yn canu i'r Frenhines.

Mi fûm yn siarad yn hir efo hi pan ddaeth hi o gwmpas, a hithau'n gofyn o ble roeddwn i'n dŵad. 'Pwllheli', meddwn innau. O, roedd hi'n gwybod am Bwllheli; wedi bod yno. Dyma fi'n dweud wrthi hi: 'Rydw i'n cofio'ch hen nain, Cwîn Victoria. Roeddwn i'n ddeuddeg oed pan fu hi farw — yr ail ar hugain o Ionawr, 1900. Rydw i'n cofio'r diwrnod yn iawn, a'r wlad mewn dagra am ddau ddiwrnod ar ei hôl hi.'

Roedd ganddi hi ddiddordeb mawr yn hynny: fy mod i'n cofio'i hen nain hi. Dynes neis iawn oedd y Frenhines. Wnaeth hi ddim siarad efo pawb oedd yno — roedd yna filoedd i gyd. Mi oedd yna un hen fachgen o ochrau Wrecsam yn eistedd heb fod ymhell oddi wrtha i — rhyw naw deg pump oed oedd o — ac ar ôl i'r hen Frenhines siarad â mi, mi aeth heibio iddo yntau. Ac meddai hwnnw, 'Mi dynnais i fy het iddi hi ond ddywedodd hi ddim byd wrtha i. Sut oedd hi'n siarad mor hir efo ti d'wad?'

Roedd hwnnw'n ddiwrnod i'w gofio i mi, ond mi oeddwn i wedi blino'n ofnadwy ar ei ddiwedd o — mi fuom ni yno o un ar ddeg tan bedwar.

Wedyn, ar fy mhen-blwydd yn gant ac un, mi fûm yng Nghastell Caernarfon yn cael gweld o gwmpas y lle a chael croeso arbennig. Mi dderbyniais i fedal o arian efo enw'r Ffiwsilwyr arni hi.

Mi ydw i wedi cael gwahoddiad eto i fynd i Balas Buckingham yr haf yma i gael te efo'r Frenhines, os bydda i byw ac iach.